江西省高校人文社会科学研究项目（项目批准号：SZZX1924）成果

大学生生命价值观教育研究

段善君◎著

安徽师范大学出版社
ANHUI NORMAL UNIVERSITY PRESS
·芜湖·

图书在版编目(CIP)数据

大学生生命价值观教育研究 / 段善君著 .—芜湖:安徽师范大学出版社,2021.8(2022.8重印)

ISBN 978-7-5676-4844-9

I. ①大… II. ①段… III. ①大学生—思想政治教育—研究—中国 IV. ①G641

中国版本图书馆CIP数据核字(2020)第264682号

大学生生命价值观教育研究

DAXUESHENG SHENGMING JIAZHIGUAN JIAOYU YANJIU

段善君◎著

责任编辑:晋雅雯　　责任校对:吴　琼

装帧设计:丁奕奕　　责任印制:桑国磊

出版发行:安徽师范大学出版社

芜湖市北京东路1号安徽师范大学赭山校区

网　　址:http://www.ahnupress.com/

发 行 部:0553-3883578　5910327　5910310(传真)

印　　刷:江苏凤凰数码印务有限公司

版　　次:2021年8月第1版

印　　次:2022年8月第2次印刷

规　　格:700 mm × 1000 mm　1/16

印　　张:9.75

字　　数:123千字

书　　号:ISBN 978-7-5676-4844-9

定　　价:35.00元

目 录

绪 论

一、选题缘起及意义

1. 选题缘起

社会转型时期，随着经济的发展与文化交流的频繁，大学生对生命价值的理解和判断呈现出多元化的发展趋势。如何引导当代大学生珍爱生命，领悟生命本真，体味生命之美，感悟生命之善，成就生命之魂，树立积极的、正确的生命价值观是当前教育面临的现实问题。

首先，思想政治教育面临很多新问题、新情况，从不同的视角、用不同的理论工具透视思想政治教育现象，对思想政治教育进行多方位、跨学科的研究和分析，是当前思想政治教育研究的突出特征和发展趋势。价值观是思想政治教育研究的核心范畴之一，生命价值观既是价值观的重要组成部分，也是人生观的一个方面。生命价值观研究就是要探讨人为何而活，追寻人的生命的存在价值、创造性价值、超越性价值以及生命的本质和意义。生命价值观教育是以引导学生树立正确的生命价值观为目的的教育理念和教育形式。在高校开展生命价值观教育，顺应了时代的发展，丰富了思想政治教育的内容，回归到了大学教育的本源。大学生生命价值观教育的总体目标是培养大学生成为和谐的、全面发展的人，而非成为“某种人”。加强生命价值观教育，有利于增强思想政治教育的效果。因此，开展大学生生命价值观教育可以进一步提高高校思想政治教育的实效性和有效性。

其次，当前高校部分大学生漠视生命的事件频发，需要引起人们的关注与反思。随着社会的发展与经济水平的提高，人们的生活方式和思维模式也发生了许多转变，当代大学生的思想观念也发生了重大变化，这种变化使当代大学生的生命价值观具有鲜明的时代特征。当下，大多数大学生持有积极健康的生命价值观，能够珍爱生命，认识到生命的价值和意义，但也有部分大学生存在幸福感偏低、抗挫折能力差、漠视生命等问题，高校大学生自杀、他杀事件偶有发生。有的大学生不顾父母多年的养育之恩，遭遇一点点挫折就走上不归路，有的因为日常生活的琐事、小矛盾就与他人大动干戈，甚至把罪恶之刀挥向自己的老师、同窗。每当这种漠视生命的事件曝光在公众视野，无不令人唏嘘。

最后，部分高校育人职责和功能有所弱化。“当代教育中的唯知主义和功利主义，把生命价值片面化，使人的生活抽象化和单面化，造成对生命的任意强制和扭曲，学生对生命的积极体验和丰富多彩缺乏把握，生命的欢乐与幸福似乎不是生命的特征，倒是痛苦、挫折、失意等反成了生命的特征。”[①]高校在一定程度上更关注于如何培养学生成才，忽略了对学生“成人”的引导和教育。学校课程内容主要为了学生的未来就业做准备，重视传授知识技能、专业技能，重视教育学生如何活下去，但缺乏教育学生为什么活下去，即生命的价值和意义是什么的教育。“功利主义盛行之下，教授以‘没有4000万别见我’来励志，

① 刘铁芳.现代教育的生命关怀[M].上海:华东师范大学出版社,2007:33.

学生视校园为'职场训练营',家长坚信'好工作才有好未来',从教育流水线上下来的,可能是越来越多的'精致利己主义者'。眼下,那些'目中无人'、'六神无主'的教育,会带领我们的孩子、我们的国家通往怎样的未来?"[①]高校教育忽视了个体生命健康成长发展需求,使得部分大学生对生命存在的价值和意义缺乏积极的探索、认知和思考,体验不到生命的价值和生活的意义,不知道活着到底是为了什么,又有何意义。

2.研究意义

人的生命只有一次,是短暂的,不可逆的。正是由于生命的短暂性和不可逆性,才促使人类思考如何在这短暂的生命历程中创造生命的价值和意义。随着我国高校教育的不断发展,在校大学生人数不断增加,但每个学生个体都是唯一的、不可替代的,作为教育工作者要真正关注当代大学生,就必须关注大学生的生命健康,关注大学生的生命价值观教育。

第一,大学生生命价值观教育通过发挥社会主义核心价值观的价值导向作用,促进大学生树立积极的、正确的生命价值观。"从表面上看,大学生自杀行为是学生无法有效应对挫折与压力所导致的极端现象,实际是生命意识淡薄,生命行为失范、生命价值观异化引起的。"[②]自杀的根源并不仅在于自杀者心理承受能力的脆弱,更在于自杀者的生命价值观已发生偏差,生命目标已经缺失。生命价值观是人们对生命存在形式的总的价值判断,也是人们对生活的态度。拥有正确的生命价值观、积极的生活态度的人能坦然面对生命中的挫折,拥有体会快乐幸福的能力,为快乐幸福地生活、工作打好心理基础;持有错误的、消极的生命价值观

① 人民日报评论部.教育,如何让生命蓬勃生长[N].人民日报,2014-01-10(5).

② 胡月,樊富珉,戴艳军等.大学生生活事件与自杀意念:生命价值观的中介与调节作用[J].中国临床心理学杂志,2016(1):149.

的人往往抗挫折能力差，遇到困难就逃避，甚至难以承受很小的压力，在突发事件的刺激下可能会选择漠视生命，走向极端。“有人对美国爱达荷州立大学60名自杀未遂的大学生进行调查，问其为何自杀，有85%的学生回答说生活中再也看不到任何意义。”①这一调查结果说明对生命价值和生活意义的认知态度影响了大学生对生命的选择。因此，大学生生命价值观教育不仅仅要引导大学生思考“如何而生”“何以为生”，还要引导大学生主动思考生命价值和意义，引导大学生思考“为何而生”。大学生生命价值观教育要以社会主义核心价值观为价值导向，用中国梦引领生命价值信仰的理论建构，进一步促进大学生健康成长，健全大学生人格，提升大学生生命质量，引导大学生树立正确的、积极的生命价值观。

第二，生命价值观教育有利于贯彻落实“以人为本”教育理念。党的十六届三中全会提出了“以人为本”为核心的科学发展观，为大学生生命价值观教育提供了指导思想。当下的教育往往只看到了人是主体，忽视了人是目的，忽视了人的主动性、积极性和创造性。生命价值观教育是一种人文关怀，是对大学生人文精神的培养，有利于引导大学生更深刻地去感悟生命，从而珍爱生命，创造生命价值。坚持“以人为本”的发展观，落实到教育领域，则要求学校的所有工作要做到“以学生为本”。高校生命价值观教育也要坚持“以学生为本”的教育理念。“教育除了有鲜明的社会性之外，还有鲜明的生命性，在一定的意义上，教育是直面人的生命、通过人的生命、为了人的生命质量的提高而进行的社会活动，是以人为本的社会中最体现生命关怀的一种事业。”②《国家中长期教育改革和发展规划纲要（2010

① 郑晓江．论生活与生命［J］．江西师范大学学报（哲学社会科学版），2001（3）：109．

② 叶澜．教育理论与学校实践［M］．北京：高等教育出版社，2000：136．

—2020年)》明确指出,重视安全教育、生命教育、国防教育、可持续发展教育。促进德育、智育、体育、美育有机融合,提高学生综合素质,使学生成为德智体美全面发展的社会主义建设者和接班人。生命价值观教育是生命教育与价值观教育的交叉结合的部分,重视生命教育意味着也要重视生命价值观教育。大学生生命价值观教育是高等教育特别是高校思想政治教育的一项崭新课题。开展大学生生命价值观教育有利于贯彻落实“以人为本”的教育理念,是提高生命质量,深化高校教育改革,建设和谐校园的需要。

第三,通过大学生生命价值观教育引导当代大学生在享受身体健康所带来的一切时,不要忘记自己对自身身体健康应尽的义务。身体健康是人类社会生存和发展的永恒话题,人民健康是国家和社会发展的核心竞争力,没有全民健康就没有全面的小康。生命因健康而美丽,真正意义上的健康是一个人身体健康、心理健康和具有较强的适应社会能力。目前部分大学生缺乏对身心健康正确认识的表现主要有:对体育锻炼增强体质认知模糊,把课外活动功利化,对没有学分或者其他奖励的活动参与度低,课余学习时间宁可宅在宿舍上网、看电影、打游戏、睡懒觉、网络购物等,也不愿意离开网络、走出宿舍、走向操场。健康的身心为追求高质量的生活提供可能,为生命价值观教育提供可能。马克思指出:“任何人类历史的第一个前提无疑是有生命的个人的存在……任何历史记载都应当从这些自然基础以及它们在历史进程中由于人们的活动而发生的变更出发。”[①]如果没有人类生命存在,也就没有人类历史。所以,大学生在享受身体健康所带来的利好时,不应忘记自己对身体健康应负的责任,树立提高自身身心健康的意识。

① 马克思恩格斯全集:第3卷[M].北京:人民出版社,1960:23.

二、国内外研究综述

1. 国内研究现状

(1)关于生命教育研究

1997年叶澜教授在《教育研究》上发表的论文《让课堂焕发出生命的活力——论中小学教学改革的深化》中第一次提出生命教育理念。该文提出要从生命的高度用动态生成的观点看课堂教学。课堂教学应被看作是师生人生中一段重要的生命经历,是他们生命历程有意义的构成部分。[①]叶澜教授的这一教育理念很快获得教育界的关注和重视,并有部分教育工作者开展了具体实践活动。如2001年,“生命化教育”课题开始在福建省的部分学校实施,其代表人物有肖川、冯建军、张文质等,他们多年来致力于“生命化教育”的理论研究,通过实践探索生命化教育理念在中小学生教育教学中的实际成效。这些具有一定理论积累和实践基础的研究成果,对中国基础教育影响深远,特别是对基础教育生命价值取向研究的影响很大。

2004年12月,辽宁省启动了中小学生命教育工程,制订了《辽宁省中小学生命教育专项工作方案》。2005年,上海市出台了《上海市中小学生命教育指导纲要(试行)》,其中指出“生命教育是旨在帮助学生认识生命、珍惜生命、尊重生命、热爱生命、提高生存技能、提升生命质量的一种教育活动。”同年,湖南省也颁布了《湖南省中小学生命与健康教育指导纲要(试行)》。之后,其他省市的中小学校也相继开展了生命教育活动,主要是以珍惜生命、日常生活安全知识、面对突发事件如何生存等

① 叶澜.让课堂焕发出生命活力:论中小学教学改革的深化[J].教育研究,1997(9):3–8.

为主要教育内容。2008年9月1日，中央电视台推出的“开学第一课”以生命教育为主题，倡议全国中小学生每年每学期都要进行应急避险教育。

《国家中长期教育改革和发展规划纲要（2010—2020年）》第一部分“总体战略”的第二章“战略目标和战略主题”明确指出：“重视安全教育、生命教育、国防教育、可持续发展教育。促进德育、智育、体育、美育有机融合，提高学生综合素质，使学生成为德智体美全面发展的社会主义建设者和接班人。”北京市中长期教育改革和发展规划纲要（2010—2020年）提出：“加强生命教育和可持续发展教育，引导学生珍爱生命、热爱生活。”上海市中长期教育改革和发展规划纲要（2010—2020年）要求：“实施生命教育，帮助学生逐步了解生命现象，掌握生存技能，养成健康的生活习惯，理解生命的意义和价值，使学生认识生命、珍惜生命、尊重生命、热爱生命，建立生命与自我、与他人、与自然、与社会的和谐关系，促进身心健康发展。”这些规划纲要的总体思想都在着重强调生命安全教育。总体上，目前我国政府出台的法律法规及政策主要是针对中小学生的生命教育，专门针对高校实施生命价值观教育的政策法律法规还比较少。

21世纪以来，我国大陆地区学者在大学生命教育方面研究的著作和学术论文数量呈逐年上升趋势。在生命教育研究著作中，大多是从教育学、心理学、社会学或伦理学角度对生命教育进行阐述。具有代表性的主要有：郑晓江主编的《生命忧思录》，冯建军著的《生命与教育》，刘济良著的《生命教育论》，刘志军等著的《生命的律动：生命教育实践探索》，王北生等著的《生命的畅想：生命教育视阈拓展》，王晓虹著的《生命教育论纲》等。其中，刘慧编著的《陶养生命智慧：社会转型期教育的一种价值追求》主要是从教育学的角度指出现代教育是“外在于”人的生命的教育，提出要从哲学、生命科学层面将生命智慧置于人的存在的本体地位，以凸显生命智慧给予人之生命的价值；揭示生命智慧的存在状态，为教育实现生命智慧的陶养提供理论支持。刘铁芳《生命与教化——现代性道德教化问题审视》一文主要从伦理学的角度在个体生命与道德教化关联性上梳理了中国现代性道德教化问题，揭示了生命问题在道德教化实践中的基本任务。李芳著的《大学生生命观教育研究》主要针对医科学校的大学生的生命观进行系统深入研究，结合著者自己的工作和心得体会，对医科学生的生命观教育提出了具体建议。

香港的生命教育主要是由宗教团体发起，政府主导推动，民间组织积极支持，然后在中小学实施，将与生命题材相关的话题融入公民教育，以“生命”为主线，以“爱”为核心，使学生认识自我、肯定自我、实现自我。香港有关生命教育的课程均是围绕帮助学生认识自我、理解生命、把握生活的内涵而设置的。在教育方法上，香港的公民教育采取符合青少年身心特点的多样化的教学方法。由于香港在历史上受西方文化影响较深，生命教育理念和内容也深受西方文化影响。因此，香港的生命教育与中国传统生命哲学思想关联性比较少。

台湾的生命教育最早是由民间团体发起的，始于台中市天主教晓明女中的伦理教育，然后到晓明女中的生命教育推广中心的设立，其教育内容蕴含着深厚的宗教教育思想。因此，在很长时间内台湾当局都未能把生命教育提升到新的高度。直到20世纪末，台湾发生了几起重大的校园自杀和暴力事件，才引起台湾教育部门对生命教育的重视。鉴于当时台湾物质生活的追求欲望已凌驾于心灵方面的追求，社会快速朝向多元化发展，导致人们缺乏一套能够肯定自己、稳固人际关系、增进守法精神的伦理观；再加上层出不穷的社会问题，已经影响到青少年身心发展，举凡飙车、自杀、校园伤害事件在当时也时有所闻。2000年台湾成立推动生命教育委员会，共计26名委员，除去12人政府人员，其余超过一半人员具有宗教背景。2001年，台湾教育部门决定把该年定为“生命教育年”，引发学术界思考“教育如何能够拯救人类的灵魂？”①

因台湾当局推行“去中国化”，目前台湾官方所主导的生命教育具有很深的西方哲学思维色彩，人为地忽视了中国传统文化所蕴含的深厚的生命教育思想。从研究者的知识背景上来看，主要是具有教育学、心理学、伦理学、生死学、宗教学知识背景的学者在进行生命教育研究，具体研究方法和资料也主要从这几个学科获取，从而形成教育学、生死学、伦理学的研究路径。台湾的生命教育思想和内容严重西化，且具有浓厚的宗教色彩。对于绝大多数不信教的华人来说，生命教育内容西化和过于渲染宗教色彩并不适合。真正适合华人的生命教育不能仅仅关注知识上的构建，更应该注重生命实践，发扬中华优秀传统文化，在学理上为生命教育扎根。②

从总体上来讲，香港、台湾的生命教育发展背景基本上都源于对社会乱象的反思及民间团体的积极推动，从而引起官方重视，进而全面展开。

(2)关于生命价值观教育的相关研究

生命价值观是价值观和生命观的重要组成部分，也是人生观的重要方面。生命价值观教育是生命教育与价值观教育交叉结合的部分。目前，生命价值观教育研究无论是在学术研究的深度还是广度上都不能与生命教育研究相媲美。梅萍，张建芳指出，目前学界对大学生生命价值观现状、成因和教育对策有了比较全面的把握，但对大学生生命价值观教育的一些基本

① 徐岚，宋宸仪.追问生命的意义：台湾生命教育发展之经验与启示[J].教育发展研究，2013(12)：80-84.

② 钮则诚.从台湾生命教育到华人生命教育[J].江西师范大学学报(哲学社会科学版)，2006(2)：12-17.

理论问题进行的专题性研究还显薄弱，制约了教育策略的宏观把握和可持续发展，研究内容有待纵深拓展[①]。崔婷婷在《生命价值观教育的现代转型及其路径》一文中指出，生命价值观教育结构是一个整体性结构，任何要素的任何变动、要素与要素之间的转化等都必须在整体的范围内进行，都必须从属于整体的要求。同时生命价值观教育也是作为一个整体系统，不断与外界互换能量，充实自身的内容，提高自身的水平，使得生命价值观教育活动呈现不断上升和进步的过程[②]。朱萌在《大学生生命价值观教育的研究现状、问题与对策》一文中指出，积极探索新形势下高校思想政治教育的新途径和新方法，增强大学生生命价值观教育的实效性，是思想政治教育工作者面临的崭新课题，有待于我们深入展开探讨[③]。

盖丽娜在《大学生生命价值观的现状与教育引导》一文中主要对大学生生命价值观的目标、原则进行了研究，旨在通过各种渠道，营造一个全社会共同关爱生命的氛围，为大学生生命价值观教育的开展和实施打下坚实的基础，提供有效的保障，以取得实质性的效果[④]。郭静林在《当代大学生生命价值观现状与道德教育》中倡导当代大学生生命道德教育应加强大学生和谐意识教育，培养当代大学生的文化意识和终极关怀精神。从生命的特性出发，从整体上把握生物性生命价值观、精神性生命价值观和社会性生命价值观[⑤]。胡海青、李艳兰、王小

---

① 梅萍，张建芳．我国大学生生命价值观教育研究特色述评[J]．思想理论教育，2014(11)：78–82.

② 崔婷婷．生命价值观教育的现代转型及其路径[J]．学术论坛，2011(8)：6–9.

③ 朱萌．大学生生命价值观教育的研究现状、问题与对策[J]．北京青年政治学院学报，2012(2)：82–88.

④ 盖丽娜．大学生生命价值观的现状与教育引导[D]．济南：山东师范大学，2008.

⑤ 郭静林．当代大学生生命价值观现状与道德教育[D]．福州：福建师范大学，2006.

桃在《大学生生命价值观量表的编制》一文中编制了包括拼搏进取、珍爱生命、消极宿命、悲观困惑、狭隘和积极乐观六个维度的量表，比较全面地反映了大学生生命价值观的结构和特点，具有一定的应用价值①。蒋禅等对上海市某高校400名在校大学生的生命价值观的相关情况开展了问卷调查，结果显示，大学生对生命价值有比较理性的认识，但对实现自我的生命价值缺乏积极性和主动性，没有形成全面的认识。为此，高校应增强生命意识教育，在相关课程中增加生命价值观教育内容②。

台湾的生命教育蕴含着生命价值观教育，同时注重师资力量的培训和提升。蔡勇强、孙建荣认为，台湾生命教育师资培育课程不但要求教师重视相关理论的学习，更在培育过程中帮助教师重新审视并提升自己的人生观、伦理态度、人格统整度及灵性层次，让教师个人尽可能开阔其生命境界，引导学生在接触生命教育的同时也感受到生命力量与自我价值③。

现有部分学者把大学生自杀他杀事件的出现归结于大学生心理问题，着重从心理健康教育角度进行研究，而忽视从生命价值观教育的角度进行研究。当然不可否认这些事件中有部分大学生心理确实出现了某些问题，但即使是从心理健康教育的角度研究，大多数研究者也只是关注病态心理学方面，缺乏从积极心理学的角度进行研究。少数大学生因生命价值观异化导致看问题、思考问题的角度出现偏差，缺乏自我认识，自我评价不清晰，自我感知能力差。譬如，患有“空心病”的学生感觉生命无价值或生活无意义，会有强烈的孤独感和无意义

① 胡海青，李艳兰，王小桃．大学生生命价值观量表的编制[J]．宜春学院学报，2009(1)：182-184.

② 蒋禅，郭平，周燕平．大学生生命价值观调查与生命教育探析[J]．中国农业教育，2007(4)：42-44.

③ 蔡勇强，孙建荣．台湾高中生命教育类课程师资培育的研究及启示[J]．中国教育学刊，2014(11)：87-90.

感，这种孤独感和无意义感会造成他们情绪低落，兴趣减退，幸福感缺乏。从症状上来看，这些表现可能符合抑郁症，但是和典型抑郁症不同的是，所有的这些症状表现得并不非常严重和突出。从表上面看起来，他们可能跟其他同学并没有差别，但是患有“空心病”的学生不知道自己为什么要活着，也不知道自己活着的价值和意义是什么，很多时候他们都是为了追求成功，达到父母期望值而努力地学习、生活。他们往往曾经取得过非常优秀的成绩和一定的成就，这些似乎可以弥补他们内心的空虚和无助。但是当他们发现自己想要获得的和追求的都实现的时候，内心就会变得更加空荡荡，体验不到成就感，反而有种失落感。因此，加强大学生生命价值观教育研究，要以社会主义核心价值观为价值导向，培养大学生积极的、正确的生命价值观，引导他们追求真善美的理想人格，进入真善美的道德境界。

2. 国外研究现状

(1)关于生命教育研究

西方国家第一位倡导Education for Life（生命教育）的是美国学者杰·唐纳·华特士，他于1968年在美国加州创建阿南达学校（Ananda Schools），开始倡导和践行生命教育，其代表作《生命教育：与孩子一起迎接挑战》（Education for Life: Preparing Children to Meet The Challenges）一书中指出：“生命教育，顾名思义就是从生命中学习。这是一套终生受用的人生哲学，不只是帮助孩子，也帮助我们自己做好准备，迎向一生的学习与挑战。”①

① 华特士.生命教育：与孩子一同迎向人生挑战[M].林莺，译.成都：四川大学出版社，2006：9-10.

1979年，新南威尔士州（New South Wales）成立了第一所生命教育中心（Life Education Center，简称LEC），旨在给父母、教育者以及关心教育的人士提供有效的生命教育技巧。该机构是由关怀生命的学者及热爱生命的社会人士合作建立的，其成立宗旨是“预防药物滥用、暴力与艾滋病”，后来其范围渐渐扩大，生命的关怀、生命的协助、生命的福祉、生命的价值和生命的意义等均包含在内。目前LEC已经成为一个受到广泛关注的国际性机构。

美国生命教育具体实施是以课堂教学为主，通过学科渗透的方式，做到显性课程与隐性课程、生命知识认知和社会实践、必修课程和选修课程相结合。“美国的生命教育并不是一门固定的学科或课程，而是随机的、整合的。在课程设计上，它坚持生命的完整性与统整性，重视各学科的统整以及生活事件的关联性。”[①]美国的生命教育强调增加学生的生活经验，引导学生在各种活动中认识到生命的价值和意义，使学生明确“生命危机”，并找到解决方案。

英国的生命教育发展经历了三个阶段，一是生命教育课程萌芽阶段；二是跨领域课程阶段；三是正式课程阶段。20世纪90年代末，英国工党上台执政，英国政府才开始真正重视并推动生命教育，树立以全人培养与全人关怀为主的教育理念。英国生命教育内容以关注生活为主，教育方式以渗透为主，建立了主辅搭配的生命教育课程体系。生命教育以促进学生灵性、道德、社会和文化的发展为目标，并且和公民教育在教育理念、内容外延和追求的目标等许多方面保持一致。[②]

日本的生命教育强调，第一，珍惜生命。即教育学生要有

---

① 王定功，路日亮．美国中小学生命教育探析及其启示［J］．中国教育学刊，2011（1）：75.

② 徐秉国．英国的生命教育及启示［J］．教育科学，2006（4）：84-87.

自爱之心，对生命存‘敬畏’之念。生命不是私有财产，每个人的生命根源上连着父母的生命、民族的生命。第二，展示生命价值。即要使学生懂得只有发挥自己的才智、力量，才能实现生命的价值，要锻炼学生顽强的意志，让他们在艰苦困难的条件下经受历练，完成目标[①]。日本的生命价值观教育体现了教育的层次性，先要保证学生学会珍惜生命，敬畏生命，然后再对其进行生命意志锻炼，让学生经受住各种考验，通过努力奋斗，充分发挥聪明才智以实现自己的生命价值。

(2)关于生命意义及死亡教育研究

国外学者大多从生命意义与死亡角度对生命教育开展研究，直接研究生命价值观的比较少。著名心理学家维克多·弗兰克尔最早提出“意义疗法”，他认为，人对生命价值的担心乃至绝望是一种存在之焦虑，而绝非心理疾病。意义疗法的目的是帮助患者找到他生命的意义[②]。一个人只有明白自己生命的意义和目的，才有战胜逆境的力量和勇气。

美国的生命教育源于死亡教育，主要是通过死亡教育让孩子树立正确的生死观，从而进一步认知生命价值和意义。“死亡教育源于美国。美国关于死亡教育的理论研究较为丰富和完善，达到了成熟的水平，死亡教育的实践也取得了明显的成效，积累了丰富的经验。”[③]在死亡教育研究方面的代表人物主要有库伯勒·罗斯、赫曼·波伊曼等人。美国南加州大学医学院菲费尔教授主编的《死亡的意义》(1959年版)标志着死亡教育正式在美国开展落实。1977年，此书改版并重新命名为《死亡的新意义》，成为美国死亡教育的标准教科书。

---

① 王宏维，郑永廷．大学生思想政治教育与管理比较研究[M]．北京：高等教育出版社，2010：82.

② 弗兰克尔．活出生命的意义[M]．吕娜，译．北京：华夏出版社，2010：124.

③ 周士英．美国死亡教育研究综述[J]．外国中小学教育，2008(4)：44.

西方学者大多认为，生命的终结体现了生命的价值和意义，我们要面对人终有一死的事实，死亡促使我们去发挥生命潜能，同时也促使我们履行不可推卸的责任。在生命活动的过程中，我们是要尽一些责任、义务的，死亡是我们为人们提供一些事情、照顾他人的潜能的终结。因此，死亡的不可避免性把我们的生命转变为非常严肃、充满责任和义务的过程。

三、相关概念界定

1. 生命价值观

价值的大小就是客体对主体意义的大小、作用的大小，是客体满足主体需要程度的大小。也就是说，一件事有价值就意味着这件事有一定的意义和作用。价值观是对人的社会实践活动的评判，是关于价值的总的观点和看法，是人们追求的动机和目的，包含人们的价值理想信念和价值判断取向。

人的生命价值表现在两个方面：一方面对自身的价值，即生命存在是人的价值的基础和前提；另一方面是对社会的价值，即个人的生命对组成人类具有重要价值，同时人的生命因对社会作出了贡献进而扩大了它的价值。生命的自我价值即生命活动对自身的存在和发展的满足，生命的社会价值即生命存在对社会的存在发展的满足。一个人，不管能力大小，只要有大公无私的奉献精神，就会不畏艰险地去追求和实现自己的生命价值。

生命价值观是人探讨生命为何而活以及对生命的态度，是人们认识和处理生命价值问题所持有的根本观念。生命价值观是人的价值观在生命中的具体体现，是人们在生活中判别、选择什么样的生存和发展模式最有价值的标准和规范自身行为的心理倾向系统，同时，也是一种生活态度。在人们的生命实践活动中，生命价值观就像商品经济中的价值规律一样，是一根无形而有力的指挥棒，控制、调节、支配着人们的生命价值选择和实践创造。“生命价值观是指人们对生命存在形式的总的价值判断，是指在一定的社会历史条件下，生命体（以人为主）的全部生命活动对生命自身以及生命对其他生命存在物（包括他人和社会）的意义的自觉认识。”[①]生命价值观是形成健全人格的基础，是影响人生观最重要的变量，是对自身生命认识的主要的因素。李若衡等学者分析归纳出六种类型生命价值观，即：珍爱生命的生命价值观、积极进取的生命价值观、悲观与困惑的生命价值观、冒险的生命价值观、狭隘的生命价值观、矛盾的生命价值观[②]。生命价值观是价值观和生命观的重要组成部分，也是人生观的重要方面。生命价值观就是追寻人的生命的自我价值、社会价值、创造性价值、超越性价值，以及生命的本质和意义。持有积极的生活态度、正确的生命价值观的人能够坦然面对生命中的挫折，拥有体味生活中的快乐与幸福的能力，从而有利于全社会的稳定和发展；持有消极的、错误的生命价值观的人抗挫折能力差，容易出现漠视生命、遇到困难就逃避，难以承受压力的情况，在突发事件的刺激下甚至会走向极端。

2. 生命价值观教育

生命的价值是什么？人为何而活？应如何生活？这三个问题是生命价值观教育必须面对的问题。大学生生命价值观教育在引导大学生“如何而生”“何以为生”时，更应该把着重点放在引导大学生思考“为何而生”上。也就是说，大学生生命价

① 陆树程，朱晨静．敬畏生命与生命价值观[J]. 社会科学杂志，2008(2)：142.

② 李若衡，杨静．大学生生命价值观的投射测验与内容分析[J]. 重庆邮电学院学报（社会科学版），2006(2)：229-252.

值观教育要引导和教育学生思考——人为什么而生存，生存的意义是什么，人应该怎样生活，人应该以什么样的生命态度而活着，生命的理想与价值何在。

大学生生命价值观教育的总体目标是培养大学生能够成为和谐的、全面发展的人，而非成为“某种人”。培养和谐的全面发展的人的教育，是一种促进真善美相统一的人格发展的教育，是“本真”教育；“成为某种人”的教育是带有浓厚的功利主义色彩的教育，是把教育变成技能培训，即培养出能够应对某种职业的人。从教育内容上来看，我们认为生命价值观教育是生命教育与价值观教育的交叉结合的部分。生命价值观教育要遵循生命的特点，在融合不同生命层次的基础上教育学生从珍惜生命、热爱生命，到进一步的尊重生命、创造生命的价值。即大学生生命价值观教育在于引导大学生从三个层面对生命价值和意义进行思考：一是在个人层面上，珍爱生命，感知生活乐趣，培养创新意识，懂感恩，明事理，树立正确的生命价值观以解决自我生命成长和发展中的问题，提升自我的生命质量；二是在人与自然关系层面上，敬畏生命，树立生态意识，珍惜生命存续，感悟生命之善；三是在人与社会关系层面上，坚持弘扬爱国主义精神，增强自我的社会责任感，在奉献中彰显生命价值，通过社会实践，以有限的生命创造出无限的价值。

大学生生命价值观教育是基于理想信念的教育。在教育过程中，教育者应当具有坚定而明确的价值追求，平等地对待每一位学生，关心、爱护每一位学生，促进学生的全面发展。大学生生命价值观教育是一种人文的、德性的、价值性的教育，不仅是对大学生个体生命的关切，更是对大学生生命价值观与人生态度的引领与提升。

四、研究思路、方法与创新点

1. 研究思路

大学生生命价值观教育是高校思想政治教育的重要组成部分。本书坚持以马克思主义基本原理为指导，继承和发展了马克思主义经典作家关于人的全面发展理论的重要思想和论述，引入中华优秀传统文化中独特的关于生命、生命价值的哲学观点，来指导大学生生命价值观教育工作。通过问卷调查的方法，对大学生生命价值观及其教育现状进行调查。根据现实中大学生生命价值观教育存在的问题，从市场经济的特征、民主法治建设、文化多样性、网络社会、教育环境等多个视角对当代大学生生命价值观教育的影响因素进行分析，并提出加强大学生生命价值观教育的主要路径。

在研究过程中，强调大学生生命价值观教育不在于教导大学生如何而生，何以为生，而在于引导大学生思考为何而生，如何实现自己的生命价值和生活意义。当代大学生要珍惜韶华，领悟生命本真，谋划精彩人生；珍惜生命存续，感悟生命之善；创造幸福生活，体味生命之美；树立崇高理想，成就生命之魂。

加强大学生生命价值观教育的主要路径是：第一，用马克思主义理论强化大学生精神教育，使社会主义核心价值观成为大学生的精神追求；第二，加强大学生生命价值观教育的文化熏陶作用，注重大学生生命价值观教育的实践养成；第三，借鉴发达国家的经验，加强大学生生命价值观教育；第四，积极探索大学生生命价值观教育的课程建设，以课堂教学为主渠道，通过学科渗透的方式，将生命价值观教育内容融入不同年级的不同课程之中，特别是要与高校现有的思想政治教育、心理健康教育、校选课等课程相融合；第五，探索创建立体化的“全员育人”环境，精细开展全过程生命价值观教育教学，通过协同机制为大学生构筑生命健康防线，建立大学生生命价值观教育的“全过程”协同机制，塑造学生健全人格，引导大学生树立正确的、积极的生命价值观。

2. 研究方法

本书以马克思主义生命价值观为指导思想，以社会主义核心价值观为价值导向，用中国梦引领生命价值信仰，引导学生珍爱生命、关爱自己、关怀他人，对自己、对生活充满希望，积极主动地融入社会，从而实现自我的生命价值。

（1）文献分析法

通过搜集资料，获取与生命价值观教育研究相关的文献，对生命价值观教育研究及其发展现状有一个基本的把握，依靠相关的文献资料，为论题的展开提供足够的依据。

（2）实证研究法

为了使大学生生命价值观教育研究从现实出发、为现实服务，通过问卷调查掌握大学生生命价值观教育的第一手资料，分析把握大学生生命价值观状况，使理论演绎立足于实证调查之上，使研究更具现实性和针对性，结论更具说服力。

（3）矛盾分析法

事物的矛盾法则，即对立统一的法则，是唯物辩证法最根本的法则。事物发展过程是自始至终的矛盾运动，矛盾存在于一切事物的发展过程中。本书从生命具有三重性和矛盾性分析指出生命价值包括两个方面，即社会价值和自我价值，论证自我价值和社会价值是辩证统一的。

3. 研究创新点

生命价值观教育与思想政治教育在教育理念上是一致的，开展大学生生命价值观教育可以作为进一步提高思想政治教育实效性的突破口。通过生命价值观教育引导大学生思考生命的价值和意义，引导大学生思考“为何而生”。大学生生命价值观教育不是简单的操作性行为，而是基于理想信念的教育，是要在马克思主义指导下找回教育的“本真”，既培养学生脚踏实地的精神，也要把学生培养成仰望星空、拥有社会担当和远大理想的人。在教育过程中，教育工作者应当具有坚定而明确的价值追求，平等对待每一位学生，对学生充满关心和爱护，促进学生全面发展。本书主要有以下两个方面的创新。

第一，提出大学生生命价值观教育要以社会主义核心价值观为价值导向，用中国梦引领大学生建立生命价值信仰，把培育和践行社会主义核心价值观与生命价值观教育结合起来研究，引导大学生珍爱生命、领悟生命本真、感悟生命之善、体味生命之美、成就生命之魂，从容面对各类挫折，提高心理抗打击能力，以乐观的态度面对自己，更好地融入社会，从而实现个人生命的自我价值与社会价值的统一。

第二，从三个层面上积极培育“最大公约数”的生命价值取向：一是在个人层面上珍爱生命、追求幸福和树立创新精神；二是在人与自然关系层面上要敬畏生命，树立生态意识；三是在个人与社会关系层面上要树立责任意识，实现自我价值和社会价值的辩证统一。

第一章
大学生生命价值观教育的思想资源

马克思主义经典作家关于人的全面发展思想对大学生生命价值观教育具有重要的指导意义。人的生命存在是接受教育和发展的前提。实践活动使人成为有意识的生命体,从而能够与动物区别开来,使人自身作为类存在物生存和发展。生命实践活动是人的自由自觉的活动,教育与生产劳动相结合是实现人全面发展的唯一方法。人世间的一切幸福都需要靠辛勤的劳动来创造,只有在劳动实践创造的过程中,才能创造和实现生命价值。革命文化凝聚着革命者的理想信念,为生命价值观教育孕育肥沃土壤。中华优秀传统文化蕴含着生命价值观教育思想,也形成了独特的关于生命、生命价值的哲学观点。传统文化中的积极因素,对民族精神的塑造起到了重要作用。

第一节　马克思主义经典作家关于生命价值观教育的阐述

一、生命存在为生命价值观教育提供可能条件

人的生命存在为人类创造历史提供了可能条件,在生命存在的基础上人们才能生产生活。同理,生命存在为生命价值观

教育提供前提条件，没有生命存在也就没有教育主体和客体。马克思指出："全部人类历史的第一个前提无疑是有生命的个人的存在。"[①]如果没有人类生命，一切无从谈起；没有人类生命也就没有人类历史。人类历史是由人类社会活动积累组成的，这些社会活动的首要前提就是人要存在、要生存、要生活。"当人们还不能使自己的吃喝住穿在质和量方面得到充分保证的时候，人们就根本不能获得解放。"[②]因此，可以说物质生产生活是维持生命存在的第一要素，人类正是通过这种物质生产活动，赋予生命活动以生存和生活的意义。人类为了生存生活就必须进行一些社会生产活动，而社会生产活动也是社会生活的重要组成部分，并由此形成了社会。社会是人的社会，是由人的生命活动而形成的，社会的发展也是由人的活动引起的，离开个人的活动，社会也就不复存在。

人的生命存在是接受教育和发展的前提。教育活动同样也是由人的生命活动引起的，离开人的生命存在，教育也就没有了主体和客体，教育也就不复存在。人是社会生活的主体，离开人的生命存在，离开人和社会的关系，社会也就不复存在。"人的本质不是单个人所固有的抽象物，在其现实性上，它是一切社会关系的总和。"[③]人从生命诞生之初即和社会生产活动联系在一起。正常的生命个体无法脱离社会而生存，人和人之间只有在和谐互助中才能生存发展。我们作为社会成员中的一员，单凭个人的力量在社会上是无法生存和维持自己的生命生活的，必须要与其他人发生各种关联。假如每一个人都不愿意与他人合作，也不愿仰赖人类的发展成果，而只想凭一己之力在地球上谋生，那么生命也就没有了延续下去的可能。在当前

① 马克思恩格斯文集：第1卷[M].北京：人民出版社，2009：519.

② 马克思恩格斯文集：第1卷[M].北京：人民出版社，2009：527.

③ 马克思恩格斯文集：第1卷[M].北京：人民出版社，2009：505.

人际交往日渐频繁、渗透越来越深、影响越来越广的背景下，一个人很难把自己封闭起来独自生活。因此，大家需要互相协助、相互交往、相互促进，共同提高科学文化水平，促进社会和谐进步，共建人类命运共同体。

二、有意识的生命活动使人成为类存在物

生存是生命活动的起点和生命存在的原始状态，生存是人和动物共同的生命存在方式，表现为自然生命。当然，人除了具有自然生命之外，还具有人所特有的生命存在方式，即社会实践方式。生命本质上需要环境条件才能生存，离开环境，生命就无法生存，这体现了生命对环境的依赖性。人所具有的创造性，使得人能够创造生产出自己生命发展所需要的各种生活资料，因此，人的生命对环境的依赖就不再具有完全性。为了满足自身生存需要，人类最初生命活动——生产实践，逐渐将人与动物的生命活动区别开来。人的生命存在与动物的生命存在具有本质区别，这种区别体现在除了生存外，人也是一种把自己的生命活动变成自己目的性活动的存在。这种存在的生命活动，是一种寻求意义的生命活动。动物只能按照所属的种类本能地适应自然，人则可以按照自己的目的、尺度、理想和愿望去改变对象的存在。人不仅仅是自然存在物，更是对象性存在物。"动物和自己的生命活动是直接同一的。动物不把自己同自己的生命活动区别开来。它就是自己的生命活动。人则使自己的生命活动本身变成自己意志的和自己意识的对象。……有意识的生命活动把人同动物的生命活动直接区别开来。正是由于这一点，人才是类存在物。"[①]动物与它的生命活动是直接同一的，也就是与它自己的生存环境是同一的。这种同一主要体现在动物只能被动地适应自然环境，而不具备改造自身

① 马克思恩格斯文集：第1卷[M].北京：人民出版社，2009：162.

生存环境的能力。恩格斯认为:“如果说动物对周围环境发生持久的影响,那么,这是无意的,而且对于这些动物本身来说是某种偶然的事情。而人离开动物越远,他们对自然界的影响就越带有经过事先思考的、有计划的、以事先知道的一定目标为取向的行为的特征。动物在消灭某一地带的植物时,并不明白它们是在干什么。人消灭植物,是为了腾出土地播种五谷,或者种植树木和葡萄,他们知道这样可以得到多倍的收获。”①人的生命活动具有一定目的性,是按照自己的需要,把理想生活变成现实生活的活动。为了让世界满足人类自己的需要,人类从自然而然的世界中去探索“真”、去追寻“善”、去实现“美”,把这个自然而然的世界变成对人类来说“真善美”的世界。

实践活动使人成为有意识的生命体,从而能够与动物区别开来,使人自身作为类存在物生存和发展。“通过实践创造对象世界,改造无机界,人证明自己是有意识的类存在物,就是说是这样一种存在物,它把类看做自己的本质,或者说把自身看做类存在物。”②人之所以能够称为人,在很大程度上取决于人所具有的社会性和人的生命实践活动。人类认识与改造世界也是通过人的生命实践活动来实现的。“劳动这种生命活动、这种生产生活本身对人说来不过是满足一种需要即维持肉体生存的需要的一种手段。而生产生活就是类生活。这是产生生命的生活。一个种的整体特性、种的类特性就在于生命活动的性质,而自由的有意识的活动恰恰就是人的类特性。生活本身仅仅表现为生活的手段。”③也就是说,人类生活本身首先要为了生命生存,而生产生活是维持生命存在的重要手段。这种产生生命的生产生活体现了人类实践活动是有意识的生命活动,而

① 马克思恩格斯文集:第9卷[M].北京:人民出版社,2009:558.
② 马克思恩格斯文集:第1卷[M].北京:人民出版社,2009:162.
③ 马克思恩格斯文集:第1卷[M].北京:人民出版社,2009:162.

有意识的生命活动是人与动物的重要区别,正是这种有意识的生命活动性质决定人的类特征。

三、教育与生产劳动相结合是实现人全面发展的唯一方法

马克思主义经典作家虽然没有直接论述生命价值观教育,但马克思主义经典作家关于人的全面发展思想对大学生生命价值观教育具有重大指导意义。恩格斯在《共产主义原理》中指出"教育将使他们摆脱现在这种分工给每个人造成的片面性。"①也就是说,教育有利于人们克服自身片面性发展,可以在多领域从事多方面的活动。马克思指出:"就是生产劳动同智育和体育相结合,它不仅是提高社会生产的一种方法,而且是造就全面发展的人的唯一方法。"②这是因为"生产劳动给每一个人提供全面发展和表现自己的全部能力即体能和智能的机会,这样,生产劳动就不再是奴役人的手段,而成了解放人的手段,因此,生产劳动就从一种负担变成一种快乐"③。生产劳动作为人类存在的基本形式,表现为一个创造性的动态发展过程。

教育与生产劳动相结合是人全面发展的前提条件。列宁在《青年团的任务》中明确要求共产主义青年团必须同工农结合、同工农的劳动结合。"共产主义青年团必须把自己的教育、训练和培养同工农的劳动结合起来,不要关在自己的学校里,不要只限于阅读共产主义书籍和小册子。只有在与工农的共同劳动中,才能成为真正的共产主义者。"④通过把学校教育和实际生活结合起来,青年学生才能把自己培养成既懂书本知

① 马克思恩格斯文集:第1卷[M].北京:人民出版社,2009:689.

② 马克思恩格斯文集:第5卷[M].北京:人民出版社,2009:557.

③ 马克思恩格斯文集:第9卷[M].北京:人民出版社,2009:311.

④ 列宁全集:第4卷[M].北京:人民出版社,1995:295.

识，又会进行实践操作的有用人才。“训练、培养和教育要是只限于学校以内，而与沸腾的实际生活脱离，那我们是不会信赖的。”[①]如果“没有年轻一代的教育和生产劳动的结合，未来社会的理想是不能想象的：无论是脱离生产劳动的教学和教育，或是没有同时进行教学和教育的生产劳动，都不能达到现代技术水平和科学知识现状所要求的高度。”[②]教育与生产劳动的有机结合，推动了科学技术转换为生产力，促进了生产力的发展，而生产力的发展又是实现人全面发展的根本条件。

毛泽东指出：“我们的教育方针，应该使受教育者在德育、智育、体育几方面都得到发展，成为有社会主义觉悟的有文化的劳动者。”[③]他在《改革学校课程设置和讲授方法》中指出：“现在学校课程太多，对学生压力太大。讲授又不甚得法。考试方法以学生为敌人，举行突然袭击。这三项都是不利于培养青年们在德、智、体诸方面生动活泼地主动地得到发展的。”[④]也就是说，为了学生全面发展，教学课程要减少，分量要减轻，门类要减少，社会实践活动要增加。

邓小平强调：“为了培养社会主义建设需要的合格的人才，我们必须认真研究在新的条件下，如何更好地贯彻教育与生产劳动相结合的方针。”[⑤]这一方针是培养学生理论联系实际、学以致用、全面发展的根本途径，当然，在教育与实践活动相结合的内容和方式方法上也需要有所突破。

人的全面发展即是对未来美好社会的描述，也是对当下社会的价值诉求，充分体现了对人的生命价值的尊重。人的全面而自由发展体现了人们对人类社会历史发展最高目标的一种

① 列宁全集：第4卷[M].北京：人民出版社，1995：292.

② 列宁全集：第2卷[M].北京：人民出版社，1984：461.

③ 毛泽东文集：第7卷[M].北京：人民出版社，1999：226.

④ 毛泽东文集：第8卷[M].北京：人民出版社，1999：376.

⑤ 邓小平文选：第2卷[M].北京：人民出版社，1994：107.

理想和追求。它不是一种业已达到的状况，而是对现实状况的批判，对现实人的希冀，是引导人超越当下，不断走向未来的价值目标。马克思主义关于人的全面发展思想正是基于马克思主义经典作家对于人的生命活动的把握和论证。大学生生命价值观教育需要以马克思主义关于人的全面发展思想为基础，引导和规范学生自己的价值理想、价值取向、和价值认同。

四、劳动铸就生命辉煌，创造幸福生活

劳动是人生存在和发展的基础，也是人最基本的实践活动方式。劳动是自由的生命表现，是生活的乐趣。2013年4月28日，习近平总书记同全国劳动模范代表座谈并发表重要讲话时强调，“劳动是财富的源泉，也是幸福的源泉。人世间的美好梦想，只有通过诚实劳动才能实现；发展中的各种难题，只有通过诚实劳动才能破解；生命里的一切辉煌，只有通过诚实劳动才能铸就。”[①]劳动是人生存在和发展的基础，也是人最基本的实践活动方式。只有在劳动实践创造的过程中，人们才能发展自身的本质力量，才能为社会创造价值，才能实现和提高生命存在的真正价值。“如果一个人只为自己劳动，他也许能够成为著名学者、大哲人、卓越诗人，然而他永远不能成为完美无疵的伟大人物。历史承认那些为共同目标劳动因而自己变得高尚的人是伟大人物；经常赞美那些为大多数人带来幸福的人是最幸福的人。”[②]

幸福需要靠辛勤的劳动来创造，幸福不仅是人们的辛勤劳动和创造的结果，它还体现在劳动和创造的过程之中。从一定意义上说，劳动和创造的过程，就包含着享受幸福的过程。一个人在创造活动中的精神感受，也就是他的莫大幸福。“人类不

① 习近平谈治国理政[M].北京：外文出版社，2014：46.

② 马克思恩格斯全集：第40卷[M].北京：人民出版社，1982：7.

仅追求物质条件、经济指标还要追求‘幸福指数’；不仅追求自然生态的和谐，还要追求‘精神生态’的和谐；不仅追求效率和公平，还要追求人际关系的和谐与精神生活的充实，追求生命的意义。”[①]对于每一个个体来说，需要通过物质生活保障自身能够生存下去，当然我们不能为了生存而生存，我们的生存还要有一定的目标，体现在追求幸福的物质生活和精神生活，追求生态和人际关系和谐，追求生命的意义和价值等。“唯物史观认为，生命的意义不仅在于物质生活和精神生活的享受，而在于通过劳动对生活的创造。由于人的社会性本质，个体生命活动与社会生活是有机联系在一起的，因而一个人如果只是为自己、为家庭而活着，其生命的意义是十分有限的。只有为国家、民族、社会的利益而付出自己的劳动，毫无保留地奉献自己的聪明才智，这样的人生才有真正的意义，才是光荣的人生、闪光的人生。”[②]

第二节　革命文化为生命价值观教育孕育肥沃土壤

一、用崇高理想铸就坚定信念

革命文化资源中蕴含着崇高的革命理想信念、革命精神和高尚品德，为实现中华民族伟大复兴的中国梦汇聚了蓬勃之力。习近平总书记指出：“在5000多年文明发展中孕育的中华优秀传统文化，在党和人民伟大斗争中孕育的革命文化和社会主义先进文化，积淀着中华民族最深层的精神追求，代表着中

① 习近平.之江新语[M].杭州：浙江人民出版社，2007：150.

② 苏振芳.思想政治教育学[M].北京：社会科学文献出版社，2006：207.

华民族独特的精神标识。”[①]

理想信念具有坚强的凝聚力。邓小平同志指出：“我们过去几十年艰苦奋斗，就是靠用坚定的信念把人民团结起来，为人民自己的利益而奋斗。没有这样的信念，就没有凝聚力。没有这样的信念，就没有一切。”[②]习近平总书记在庆祝中国共产党成立95周年大会上指出：“我们党之所以能够经受一次次挫折而又一次次奋起，归根到底是因为我们党有远大理想和崇高追求。”[③]这说明理想信念是一个国家、民族和政党团结奋斗的精神旗帜，有了这面精神旗帜就有了坚强的凝聚力。理想一旦成为人们内心的信念，就会化为一种巨大的精神力量，就会鼓舞和激励人们用全部的心血和精力为之奋斗不息。

崇高的理想铸就坚定的信念。理想是人类特有的一种精神现象，是人们在实践中能够实现的对未来社会的美好向往和对人生的幸福追求。崇高的理想，坚定的信念不会与生俱来，是需要培育和锤炼的，在锤炼的过程中用崇高理想铸造坚定信念。“人无精神则不立，国无精神则不强。精神是一个民族赖以长久生存的灵魂，唯有精神上达到一定的高度，这个民族才能在历史的洪流中屹立不倒、奋勇向前。”[④]比如，长征精神就体现了崇高的革命理想信仰和坚定的意志，它与生命自强不息的进取精神紧密相连。“长征考验了中国共产党人的信仰和意志，历练了中国共产党人的政治和军事智慧，并最终促使中国共产党形成高度的团结一致，开始独立自主地领导武装力量，独立自主地开创中国革命的历史进程。……红军的敌对者永远没有明白的是，他们要“剿灭”的并不是一群“匪”，而是伫立在人间

① 习近平谈治国理政：第2卷[M].北京：外文出版社，2017：36.

② 邓小平文选：第3卷[M].北京：人民出版社，1993：190.

③ 习近平谈治国理政：第2卷[M].北京：外文出版社，2017：34.

④ 习近平.在纪念红军长征胜利80周年大会上的讲话[M].北京：人民出版社，2016：9.

的一种信仰、一种主义、一种理想，世界历史上迄今还没有用杀戮手段将一种信仰、一种主义乃至一种社会理想彻底剿灭的先例。”[①]长征在精神层面上影响了人类进程。中国共产党人和红军将士用生命和热血铸就的伟大长征精神，体现了崇高的革命理想信仰和坚定的意志。

不同的人生理想信念决定着不同的人生道路。毛泽东少年走出韶山，读书期间立志为劳苦大众主中国之沉浮；周恩来少年立志“为中华之崛起而读书”。革命先辈们在伟大理想的激励下前仆后继，中华民族在艰苦卓绝的斗争中赢得民族独立和人民解放。干革命如此，干其他事业也是如此；伟人如此，普通人也如此。“建国以来，无论是在上个世纪的50年代，还是60年代和70年代，毛泽东一再强调‘人是要有一点精神的’。这个‘精神’，最重要的就是坚定的理想信念。在改革开放的进程中，邓小平总是强调‘两手抓，两手都要硬’。精神文明建设这只手要硬，首先就是‘硬’在理想信念。人们所追求的幸福和梦想，都离不开人的理想和信念，都离不开培育自己的精神家园。”[②]孔繁森和王宝森都是党的干部，孔繁森全心全意为人们服务，并积极投身于造福于民的事业中，成为一代公仆楷模；而王宝森以吃喝玩乐为人生理想，借公仆之名大肆贪污腐化，最终落得自绝于人民的可悲下场。他们两个人人生道路截然不同的原因就在于他们的人生理想不同。

革命文化凝聚着革命者的理想信念。革命先烈身上展现出的对美好生活的向往和追求，对中华民族美好未来充满信心，是激励当代大学生珍惜美好生活的精神示范。当年红军长征时，战士们绝大部分是20岁左右的青年，他们为了崇高的共产主义理想，做出了惊天地，泣鬼神的英雄壮举。当代大学生

① 王树增.回首长征，始知何为信仰的力量[N].中国文化报，2016-11-30(7).
② 孙正聿.人的精神家园[M].南京：江苏人民出版社，2014：138.

们大多数也是20岁左右的青年，一定能够接过前辈的接力棒，在实现民族复兴的征程中，用坚定的意志克服生活和工作中的种种困难，为民族的复兴大业添砖加瓦。

二、不畏生死的生命价值取向

死体现了生的可贵，在《自然辩证法》中，恩格斯指出："生命总是和它的必然结局，即总是以萌芽状态存在于生命之中的死亡联系起来加以考虑的……生就意味着死。"[①]在此，恩格斯指出生命本身是生与死的一体两面。从生命的自然本质讲，人的生死本是一种自然现象，人来源自然，终究也要回归自然。从某种意义上说，死亡是生命的一部分，是生命在另外一个意义上的延续。所谓生，是一个人生命的延续；所谓死，是一个人自然生命的终结。然而，人是高度社会化了的动物，人的生命有其社会价值和意义。人与自然界的动物有着重大的区别，人不仅有意识，能劳动，更重要的是人有超越动物的，为自己、为个体而生存的本能，有为集体、为社会生存的自觉性。因此，从人的社会性来看，生与死的内涵就更丰富了。那些为人民、为社会而奋斗不息的人，因为实现了生命的社会价值，所以受到人们的赞颂。那些为了私利，危害社会和人民的人，虽然他的自然生命还在延续，却为社会和人民所不齿。正如爱因斯坦所说，人只有献身于社会，才能找出那实际上是短暂而又有风险的生命意义。

人的生命最终都是要走向死亡的，但死亡的价值和意义是不同的。毛泽东指出："人总是要死的，但死的意义有不同……为人民利益而死，就比泰山还重；替法西斯卖力，替剥削人民和压迫人民的人去死，就比鸿毛还轻……但是我们想到人民的利益，想到

① 马克思恩格斯文集：第9卷[M].北京：人民出版社，2009：546.

大多数人民的痛苦，我们为人民而死，就是死得其所。”① 为了人民的利益牺牲自己的生命，这样的死亡，价值就会重于泰山。与人民为敌，压迫剥削人民的人的生命也就没有什么价值而言。毛泽东指出：“夫人之一生，所乐所事，夫曰实现。世界之外有本体，血肉虽死，心灵不死，不在寿命之长短，而在成功之多寡。”②人的寿命固然有限，但人的精神依然可以传承，为了国家和民族的利益，要把个人生死置之度外，超越个体生命，在有限生命的条件下尽可能地创造更大的价值。

1922年，周恩来听到黄爱牺牲的消息后，十分悲愤，当即写下了《生别死离》这首诗，高度赞扬烈士献身革命的高尚精神。诗歌也寄托了周恩来全心誓为共产主义奋斗终生的坚定信念。晚年，当周总理得知自己身患绝症之后，仍夜以继日地工作，与死神抢时间，为党和国家奉献自己的一切。

刘少奇指出：“在我们共产党员看来，为任何个人或少数人的利益而牺牲，是最不值得、最不应该的。但是，为党、为阶级、为民族解放、为人类解放和社会的发展、为最大多数人民的最大利益而牺牲，那就是最值得、最应该的。我们有无数共产党员就是这样视死如归地、毫无犹豫地牺牲了他们的一切。”③这体现了共产党人的生死观，指明了共产党员的生命价值和意义，提出了共产党员应该有为最广大人民的利益牺牲一切而在所不辞的思想境界。

邓小平同志指出：“我的生命是属于党、属于国家的。”④他还提出要在自己去世后捐献角膜，为医疗事业作贡献，这种崇高精神体现了无产阶级革命家的胸怀。

---

① 毛泽东选集：第3卷[M].北京：人民出版社，1991：1004-1005.

② 中共中央文献研究室，中共湖南省委《毛泽东早期文稿》编辑组.毛泽东早期文稿（1912.6—1920.11）[M].长沙：湖南出版社，1990：60.

③ 刘少奇选集：上卷[M].北京：人民出版社，1981：133.

④ 邓小平文选：第3卷[M].北京：人民出版社，1993：323.

曾志同志于一九九二年七月二十日于北戴河写下遗嘱《生命熄灭的交待》:死后不开追悼会;不举行遗体告别仪式;不在家里设灵堂;京外的如志修、曼华、春华,井冈山的来发,金龙都不要来奔丧;北京的任何战友都不要通知打搅;遗体送医院解剖,有用的留下,没用的火化。骨灰一部分埋在井冈山一棵树下当肥料,另一部分埋在白云山有手印的那块大石头下。埋下去,静悄悄的,绝不搞什么仪式……

他们为了实现心中的理想,为了民族的独立和人民的解放,为了党和人民的利益,无私地奉献自己的一切,为国家和人民创造了无限的价值,实现了生命的崇高和永恒。

三、为了理想信念而勇于献身

生命是宝贵的。革命者把不怕牺牲的大无畏气概与珍惜生命的严肃态度结合起来,既重视生命的价值,也重视牺牲的意义。当革命事业需要自己活着的时候绝不轻视生命,尽量避免不必要的牺牲;当需要为人民流血牺牲时,绝不苟且偷生,贪生怕死。革命者珍惜生命,是为了更好地执行自己神圣的使命。生命对于每一个人来说都只有一次,它是人生中最可贵的。

但是,为了崇高的理想,为了使生命意义和价值的最大化,革命者在革命需要时仍然会选择献身。这种献身精神不仅体现在烈士们毫不犹豫地献出鲜血和生命上,更体现在心甘情愿地牺牲比生命更可贵的情感和追求上。在我国近代革命史上,每个时期都涌现出众多值得后辈敬仰的革命先烈。林觉民的《与妻书》中有"牺牲吾身与汝身之福利,为天下人谋永福""吾辈此举,事必败、身必死,然吾辈身死之日距光复期必不远矣"的表述。林觉民用坚定的信念为革命献身,豪气干云。林觉民就义前的绝笔绝非在哀怨生命的短暂和对家人的不舍与牵挂,而是表达了自己舍生取义、牺牲自我的坚定决心及义无反顾、舍生忘死的牺牲精神，体现了“为天地立心，为生民立命”的大爱情怀。

革命烈士的牺牲精神体现了生的意义和死的价值。刘胡兰，一名普通的共产党员，笑对敌人的铡刀，英勇就义。毛泽东为她题词：“生的伟大，死的光荣”。夏明翰烈士在刑场写道：“砍头不要紧，只要主义真。杀了夏明翰，还有后来人。”这首诗充分展现了夏明翰宁死不屈的英雄气概和对革命信仰的坚定信念，激励了无数革命者为革命事业献身。方志敏在狱中呕心沥血撰写《可爱的中国》《狱中纪实》等珍贵文稿，抒发了深深的爱国情怀和革命气节，表现了共产党人的铮铮铁骨和浩然正气。他坚守信念、矢志不渝，“敌人只能砍下我们的头颅，决不能动摇我们的信仰！因为我们信仰的主义，乃是宇宙的真理”[①]！邓中夏在狱中写道：“一个人能为了最多数中国民众的利益，为了勤劳大众的利益而死，这是虽死犹生，比泰山还重。”[②]这体现了个人生命自我价值的实现过程，也是自身崇高人生理想的追求过程。向警予认为，“人都应该珍惜自己的生命，然而到了不能珍惜的时候，只有勇敢的牺牲自己。人总是要死的，但要死得慷慷慨慨。”[③]在敌人希望她能够为了自己的生命考虑而放弃信仰时，她断然拒绝，临行前向在场的群众高喊：“反动派要杀死我，但革命者是杀不完的。”在这些英雄们心中，有坚定的理想信念，有英勇顽强的斗志和坚忍不拔的毅力，他们经受住了各种复杂环境和困难、挫折的考验，彰显了理想信念之“钙”的巨大作用。“革命文化是中国共产党和中国人民在革命、建设和改革开放各个历史时期形成的精神追求、精神

① 方志敏全集[M].北京：人民出版社，2012：141.

② 陈同生.不倒的红旗[M].北京：中国青年出版社，1959：337.

③ 康启昌.革命烈士遗书选读[M].沈阳：辽宁少年儿童出版社，1985：337.

品格、精神力量，既传承了中华优秀传统文化，又引领和发展了社会主义先进文化，在中华文明历史长河中起到了传承、融合和发展创新的作用，是中华民族最为独特的精神标识。”[①]革命文化资源中蕴含着崇高的革命理想信念，为大学生生命价值观教育提供肥沃土壤，为实现中华民族的伟大复兴汇聚蓬勃之力。

第三节　中华优秀传统文化蕴涵生命价值观教育思想

一、中华优秀传统文化关于生命价值的表达与关怀

中华优秀传统文化重视人的生命价值，并形成了独具特点的生命哲学思想。中华优秀传统文化浩如烟海，对于生命价值的表达形式差异很大，但在生命的终极意义上极为相似。儒家《弟子规》中的“身有伤，贻亲忧”，《礼记·大学》中的“修身、齐家、治国、平天下”，就是指要珍爱生命、培养健全人格，承担起家庭责任和社会责任，爱祖国、爱人民。道家提出的“我命由我不由天”，体现出对生命本质和精神自由的追求。佛家也特别提到身安道隆，即只有安顿好自己物化的生命，才能使道心安立。

在传统文化里，各家对于养身都持有各自的态度与具体方法。儒家提倡修身养性、中庸平和，将身心的关系合二为一。养身必须倡仁德、行孝道。和为贵，欲而不贪，达到身心顺天道，养气中和。儒家“超越性生命价值”的终极目标体现在“三

① 秦洁．革命文化：中华民族最为独特的精神标识[J]．红旗文稿，2016(17)：13.

不朽”中。何谓“三不朽”？三不朽是指：“‘太上有立德，其次有立功，其次有立言’，虽久不废，此之谓，三不朽。”立德是指“立身行道”，也就是以“仁、义、礼、智、信”等作为道德规范来严格要求自己，以成为高尚道德的模范；立功是指建功立业，为民族，为国家做出丰功伟绩；立言是指提出真知灼见，建立自己的学术思想体系，对人的思想道德起到引导和教化的作用。

道家认为，人不仅要有有形物质所表现的生命，还要有精神意识所表现的性，是生命与精神意识即命与性的统一体，是形、气、神的统一体。在身心和谐方法上，道家讲究“性命双修”。性指人内在的道，包含心性、思想、秉性、性格、精神等，即当前所说的“心”；命指人外在的道，包含生命、物质、身体、能量、命运等，即现代人说的“身”。“性命双修”也就是指“神形兼修”，身心全面修炼。道家文化认为生命概念包括了天、地、万物，人的生命价值体现在不断地对身心进行提升，改变错误习性，追求多层次提升，追寻精神上的超越。

佛法常讲“人身难得，佛法难闻”，说明能够以“人身”立于世间十分难能可贵，因此，我们要倍加珍惜和敬畏生命。佛陀教育于生命身心安乐有着深切的关怀，教主释迦牟尼佛为解决人类生老病死、怨憎会、爱别离、五阴炽盛、求不得八大苦，弃位出家。对现世虚妄的利益追求不是佛教的目标，对人生、宇宙乃至万事万物的事实真相的教育及生命存在过程的价值引导是佛陀教育的主要内容。

二、中华优秀传统文化中“生荣死哀”的辩证分析

何为“生荣死哀”?“生荣死哀”是指人活着受人尊敬，死了使人哀痛，用来赞誉受人崇敬的死者。孔子认为人的生命价值要以是否符合仁的标准来衡量。“志士仁人，无求生以害仁，有

杀身以成仁。”(《论语·卫灵公》)在孔子看来,人生在世首先要讲孝悌和仁爱,个体是宗族延续的桥梁,个体生命是宗族生命延续的环节,个体有生有死,族类却生生不息,个体生命只有融入宗族生命,置身家族的世代绵延中,才能超越生死,获得不朽的价值和意义。因此,“身体发肤,受之父母,不敢毁伤,孝之始也”(《孝经·开宗明义章》),体现的就是生命是有价值的。这句话常用来劝导人们要珍爱生命,对生命要有敬畏感。

但另一方面,儒家认为人仅仅坚守肉体生命并不能算真的重视生命,人的精神追求比生理生命更重要。在面临生命与“仁”的选择时,要为实现“仁”的追求而献身,即“杀身以成仁”。子曰:“君子疾没世而名不称焉”(《论语·卫灵公》),意思是人生的意义和价值在于能够人过留名,最好能够青史留名。孟子也提出:“生亦我所欲也,义亦我所欲也;二者不可兼得,舍生而取义者也。”(《孟子·告子上》)“孔曰成仁,孟曰取义”,说明了儒家关于人的生命价值观思想是以仁为核心,以义、礼、智、信、忠、孝、悌、节、恕、勇、让为具体实施方式的思想。儒家认为追求仁义比单纯维护生理生命更重要,不仁不义是比死还要可怕的事情。

与儒家一样,墨家也认为“义”是最可贵的,比生命有更高的价值。“万事莫贵于义。今谓人曰:‘予子冠履而断子手足,子为之乎?’必不为。何故,则冠履不若手足之贵也。又曰:‘予子天下,而杀子之身,子为之乎?’必不为。何故,则天下不若身之贵也。争一言以相杀,是贵义于其身也。故曰:万事莫贵于义也。”(《墨子·贵义》)义既贵于身,自然更贵于功名利禄,道德生命高于自然生命,不能为了功名利禄而背信弃义。这说明了墨家的生命价值观与儒家的生命价值观有相通之处。

老子告诫人们要珍爱生命,不要过分追求物质享受。他指出,“五色令人目盲,五音令人耳聋,五味令人口爽,驰骋畋猎,令人心发狂。”(《道德经》)庄子认为生命的价值在于个人精神方面的自由。

佛家对于佛弟子不但要求不伤害自己与其他众生的生命,同时也绝对不可执着于自身肉体,为了众生,在特定情况下,人们可以牺牲自己的生命,使生命层次得到提升。

中华优秀传统文化在民族精神的塑造过程中起到了核心作用。民族精神是传统文化的升华,中华优秀传统文化是民族精神的载体。“中华优秀传统文化是浩瀚的中华传统文化遗产中先进性精华的集合体。它是中华传统文化中的优秀成分,凝结着中华民族最深层次的精神追求,包含着中华民族最根本的精神基因,呈现着中华民族独特的精神标志,支撑、促进着中华民族历经风险磨难、饱尝艰辛困苦而永葆旺盛生命力。”[①]这种精神追求融入中华民族的血脉中,在历代无数仁人志士的光辉事迹中获得集中展现,使中华民族特有的民族气节在潜移默化中形成,在立德树人上呈现特殊功能。文天祥的《过零丁洋》中的名句“人生自古谁无死,留取丹心照汗青”就表现了中国人对“生荣死哀”的精神追求和辩证分析。一个人若能够为了中华民族大多数人的利益而牺牲,可以说是虽死犹生,这样的人的生命价值比泰山还重。正是这种民族精神培育了中华民族的脊梁。

① 吴潜涛.推动优秀传统文化的现代性转化[N].人民日报,2015-07-15(7).

第二章
大学生生命价值观教育的现状分析

大学是个人生命历程的一个重要阶段。在此阶段，大学生要完成学业，还需要做好各种进入社会的准备工作。高校作为育人的场所，当前仍存在对生命价值观教育缺乏足够的重视，生命价值观教育机制不完善等问题。功利主义造成部分大学生漠视生命，缺乏对自身生命价值的认知，丧失对生命价值的追求，持有消极、功利、世俗的生命价值观等问题。根据调查结果显示，大多数大学生能够正确把握生命的价值和意义，持有积极的、正确的生命价值观，但也有少数大学生对生命存在的价值和意义缺乏探索、认知和思考，体验不到生活的意义和生命的价值，不知道活着是为了什么，又有何意义。

第一节　大学生生命价值观教育现状的调查与分析

一、调查过程与方法

1. 研究对象

本次调查向国内34所高校发放问卷，其中东部高校13所，中部高校12所，西部高校9所，调查对象包含不同年级的学生，样本选择具有一定的代表性和可比性。调查遵循随机抽样原则，共发放了2300份调查问卷，回收2216份，回收率96.3%。其中，有效问卷2158份，问卷有效率为97.4%。所有学生应邀自愿参加填写问卷。

2. 问卷设计与实施

(1)问卷设计

测量问卷包括两部分，第一部分是关于个人信息以及有关生命价值观教育影响因素的问题，共21题；第二部分调查内容为生命价值观量表，包括生命态度、生命的价值与意义、生命自我认知与调节以及生命价值观教育必要性等内容，共20题。学生对每个题项采用李克特五级量表从“1=完全符合”到“5=完全不符合”进行评分。

(2)调查实施

本次调查以问卷调查形式为主，利用全国骨干辅导员在福建福州培训机会，由各校辅导员把调查问卷带到被调查学校，组织被调查者认真阅读题目，独立完成。然后由各校辅导员统一收集调查问卷，以学校为单位邮寄给笔者，笔者负责统计数据分析，然后撰写成文。

3. 研究工具

所有数据采用SPSS 17.0 for Windows处理。

二、调查结果与分析

1. 基本情况

有效问卷中男生有958人，占总数的44.4%，女生有1198人，占总数的55.5%，有2份问卷的性别选项题未答；独生子女有863人，占总数的40.0%，非独生子女1292人，占总数的59.9%，有3份问卷“您是否为独生子女”一题未答；来自城镇的学生有979人，占总数的45.4%，来自农村的学生1174人，占总数的54.4%，有5份问卷“您的户口所在地”一题未答；一年级学生899人，占41.7%，二年级学生634人，占29.4%，三年级学生394人，占18.3%，四年级226人，占10.5%，其中有5份问卷“您的年级”一题未答；有效问卷中文史类专业有572人，理工类专业有1205人，艺体类专业有181人，其他专业193人，有7份问卷“您就读的专业类别”一题未答；政治面貌是群众的占4.3%，共青团员的占60.3%，入党积极分子的占23.5%，预备党员的占6.8%，中共党员的占4.4%，有8份问卷“您的政治面貌”一题未答。

2. 结果分析

(1)生命价值观量表的因子分析

笔者采用极大似然法和四分旋转法对生命价值观量表的题项进行因子分析。方差解释表和碎石图结果显示，抽取4个因子比较理想。这4个因子的特征根分别是4.13，2.12，1.36和1.29，它们对解释总方差变异的贡献率为44.52%。生命价值观问卷在4个因子上的项目负载系数见表1。分别对四个因子进行命名，因子1命名为生命态度，因子2命名为生命价值与意义，因子3命名为生命自我认知与调节，因子4命名为生命价值观教育必要性。

表1　生命价值观的影响因素频数统计

影响因素	频　数	频　率	个案频率
家庭教育	1927	30.3%	90.1%
学校教育	1467	23.1%	68.6%
自己经历	1814	28.5%	84.8%
媒体信息	227	3.6%	10.6%
朋友圈子	890	14.0%	41.6%
其　他	34	0.5%	1.6%
总　计	6359	100.0%	297.4%

表2　生命价值观量表因子载荷结果

	题　项	因子1	因子2	因子3	因子4
生命态度	item18	0.69	0.01	−0.02	0.21
	item16	0.68	−0.04	−0.02	0.13
	item2	0.60	0.29	−0.16	−0.31
	item14	0.52	0.07	0.01	0.15
	item8	0.52	0.30	0.03	−0.02
	item20	0.42	0.32	0.17	0.14
生命价值与意义	item5	−0.15	0.64	0.21	0.13
	item4	0.27	0.64	−0.13	0.00
	item10	0.09	0.62	0.06	0.07
	item9	0.25	0.55	0.00	0.18
	item3	0.46	0.51	−0.17	−0.16
	item1	0.33	0.40	0.09	−0.26

续表

	题　项	因子1	因子2	因子3	因子4
生命自我认知与调节	item12	0.06	−0.02	0.74	0.13
	item13	−0.06	−0.02	0.74	0.13
	item7	−0.14	0.16	0.62	0.04
	item11	0.39	0.01	0.47	−0.16
	item6	0.22	0.15	0.45	−0.40
生命价值观教育必要性	item17	0.30	0.14	0.17	0.59
	item15	0.29	0.19	0.05	0.52
	item19	0.16	0.39	0.10	0.47

(2)男女生生命价值观的差异

表3　男女生生命价值观的独立样本T检验结果

生命价值观	男　生		女　生		t值	P值
	均　值	标准差	均　值	标准差		
生命态度	2.03	0.59	1.93	0.53	3.90	0.00
生命价值与意义	2.21	0.60	2.31	0.56	−3.96	0.00
生命自我认知与调节	2.84	0.70	2.97	0.64	−4.41	0.00
生命价值观教育必要性	2.57	0.81	2.63	0.73	−1.76	0.08

由表3可见,男女生在生命态度、生命价值与意义和生命自我认知与调节等题项上得分有显著差异。女生(均值1.93)在生命态度上比男生(均值2.03)更加积极,而男生(均值为2.21,2.84)在生命价值与意义、生命自我认知与调节上比女生(均值2.31,2.97)对问卷题目认同度更高。在生命价值观教育必要性上男女生得分没有显著差异。

（3）独生非独生子女生命价值观的差异

表4 独生与非独生子女生命价值观的独立样本T检验结果

生命价值观	独生学生		非独生学生		t值	P值
	均 值	标准差	均 值	标准差		
生命态度	1.99	0.57	1.96	0.55	1.40	0.16
生命价值与意义	2.21	0.57	2.30	0.58	−3.56	0.00
生命自我认知与调节	2.90	0.71	2.93	0.65	−1.03	0.30
生命价值观教育必要性	2.56	0.78	2.64	0.76	−2.34	0.02

由表4可见，独生与非独生子女在生命价值与意义和生命价值观教育必要性等题项上得分有显著差异。作为独生子女的学生（均值2.21，2.56）在生命价值与意义和生命价值观教育必要性上比作为非独生子女的学生（均值2.30，2.64）对问卷题目认同度更高。在生命态度和生命自我认知与调节上，独生与非独生子女没有显著差异。

（4）农村城镇学生生命价值观的差异

表5 农村城镇学生生命价值观的独立样本T检验结果

生命价值观	城镇学生		农村学生		t值	P值
	均 值	标准差	均 值	标准差		
生命态度	1.99	0.57	1.96	0.55	1.28	0.20
生命价值与意义	2.23	0.59	2.30	0.56	−2.93	0.00
生命自我认知与调节	2.94	0.70	2.90	0.65	1.44	0.15
生命价值观教育必要性	2.60	0.79	2.61	0.76	−0.11	0.91

由表5可见，农村城镇学生在生命价值与意义等题项上得分有显著差异。城镇学生（均值为2.23）在生命价值与意义上

比农村学生（均值2.30）对问卷题目认同度更高。在生命态度、生命自我认知与调节和生命价值观教育必要性上城镇农村学生得分没有显著差异。

（5）不同年级生命价值观的差异

表6　不同年级生命价值观的单因素方差分析结果

生命价值观	一年级		二年级		三年级		四年级		*t*值	*P*值
	均值	标准差	均值	标准差	均值	标准差	均值	标准差		
生命态度	1.97	0.56	2.02	0.58	1.89	0.50	1.98	0.59	4.43	0.00
生命价值与意义	2.27	0.58	2.29	0.58	2.24	0.55	2.27	0.61	0.59	0.62
生命自我认知与调节	2.97	0.68	2.84	0.67	2.88	0.66	2.99	0.64	5.79	0.00
生命价值观教育必要性	2.49	0.73	2.62	0.77	2.68	0.79	2.89	0.82	18.22	0.00

由表6可见，不同年级学生在生命态度、生命自我认知与调节，以及生命价值观教育必要性的题项上得分有显著差异。三年级学生在生命态度上对问卷题目认同度最高（均值1.89），一年级、四年级次之（均值1.97，1.98），二年级学生认同度最低（均值2.02）。二年级学生在生命自我认知与调节上对问卷题目认同度最高（均值2.84），三年级次之（均值2.88），一年级、四年级认同度更低（均值为2.97，2.99）。一年级学生在生命价值观教育必要性上对问卷题目认同度最高（均值2.49），二、三年级次之（均值2.62，2.68），四年级认同度最低（均值2.89）。不同年级

学生在生命价值与意义上得分无显著差异。

(6)不同专业生命价值观的差异

表7　不同专业生命价值观的单因素方差分析结果

生命价值观	文史类		理工类		艺体类		其他		t值	P值
	均值	标准差	均值	标准差	均值	标准差	均值	标准差		
生命态度	1.93	0.50	1.97	0.57	2.09	0.66	2.00	0.57	4.11	0.01
生命价值与意义	2.28	0.52	2.25	0.59	2.31	0.60	2.28	0.60	0.57	0.64
生命自我认知与调节	2.93	0.64	2.90	0.69	2.80	0.69	3.07	0.64	5.47	0.00
生命价值观教育必要性	2.62	0.75	2.59	0.78	2.52	0.76	2.76	0.75	3.40	0.02

由表7可见,不同专业学生在生命态度、生命自我认知与调节,以及生命价值观教育必要性题项上得分有显著差异。文史类学生在生命态度上对问卷题目认同度最高(均值1.93),理工类、其他次之(均值1.97,2.00),艺体类学生认同度最低(均值2.09)。艺体类学生在生命自我认知与调节上对问卷题目认同度最高(均值2.80),理工类、文史类次之(均值2.90,2.93),其他专业认同度最低(均值为3.07)。艺体类学生在生命价值观教育必要性上对问卷题目认同度最高(均值2.52),理工类、文史类次之(均值2.59,2.62),其他专业认同度最低(均值2.76)。不同专业学生在生命价值与意义得分无显著差异。

(7)不同政治面貌生命价值观的差异

表8 不同政治面貌生命价值观的单因素方差分析结果

政治面貌	生命态度		生命价值与意义		生命自我认知与调节		生命价值观教育必要性	
	均值	标准差	均值	标准差	均值	标准差	均值	标准差
群　众	2.35	0.80	2.33	0.73	2.91	0.82	2.73	0.94
共青团员	1.98	0.54	2.28	0.56	2.92	0.65	2.60	0.76
入党积极分子	1.92	0.56	2.26	0.60	2.89	0.70	2.58	0.79
预备党员	1.86	0.45	2.18	0.53	2.97	0.64	2.67	0.71
中共党员	1.82	0.51	2.10	0.53	3.01	0.64	2.60	0.78
F值	12.46		2.89		0.76		0.92	
P值	0.00		0.01		0.58		0.47	

由表8可见，不同政治面貌学生在生命态度、生命价值与意义题项上得分有显著差异。中共党员、预备党员学生在生命态度上对问卷题目认同度最高(均值1.82，1.86)，入党积极分子、共青团员次之(均值1.92，1.98)，政治面貌是群众的学生认同度最低(均值2.35)。中共党员、预备党员学生在生命价值与意义上对问卷题目认同度最高(均值2.10，2.18)，入党积极分子、共青团员、群众次之(均值2.26，2.28，2.33)。不同政治面貌学生在生命自我认知与调节，以及生命价值观教育必要性上得分无显著差异。

(8)父母文化程度不同生命价值观的差异

表9　不同父亲文化程度生命价值观的单因素方差分析结果

父亲文化程度	生命态度		生命价值与意义		生命自我认知与调节		生命价值观教育必要性	
	均值	标准差	均值	标准差	均值	标准差	均值	标准差
小学及以下	1.99	0.59	2.36	0.60	2.90	0.65	2.64	0.77
初　中	1.92	0.51	2.26	0.55	2.92	0.65	2.60	0.77
高中或中专	1.98	0.59	2.25	0.58	2.88	0.70	2.58	0.78
大　专	2.07	0.55	2.26	0.60	2.96	0.63	2.64	0.76
本科及以上	2.00	0.61	2.15	0.59	2.99	0.74	2.60	0.79
F值	3.80		5.09		1.35		0.47	
P值	0.00		0.00		0.25		0.76	

由表9可见,父亲文化程度不同的学生在生命态度、生命价值与意义题项上得分有显著差异。父亲文化程度为初中的学生在生命态度上对问卷题目认同度最低(均值1.92),父亲文化程度为高中或中专、小学及以下、本科及以上的学生次之(均值1.98,1.99,2.00)。父亲文化程度为本科及以上的学生在生命价值与意义上对问卷题目认同度最高(均值2.15),父亲学历为高中或中专、初中、大专的学生次之(均值2.25,2.26,2.26),父亲学历为小学及以下的学生认同度最低(均值2.36)。父亲文化程度不同的学生在生命自我认知与调节,以及生命价值观教育必要性上得分无显著差异。

表10 不同母亲文化程度生命价值观的单因素方差分析结果

母亲文化程度	生命态度		生命价值与意义		生命自我认知与调节		生命价值观教育必要性	
	均值	标准差	均值	标准差	均值	标准差	均值	标准差
小学及以下	1.93	0.53	2.32	0.57	2.90	0.65	2.63	0.77
初　中	1.93	0.54	2.27	0.55	2.91	0.66	2.58	0.76
高中或中专	2.01	0.58	2.25	0.60	2.91	0.70	2.57	0.80
大　专	2.09	0.64	2.20	0.57	2.94	0.67	2.64	0.79
本科及以上	2.10	0.57	2.20	0.61	2.97	0.76	2.62	0.74
F值	6.84		2.88		0.47		0.76	
P值	0.00		0.02		0.76		0.56	

由表10可见，母亲文化程度不同的学生在生命态度、生命价值与意义题项上得分有显著差异。母亲文化程度为小学及以下、初中的学生在生命态度上对问卷题目认同度最高（均值1.93，1.93），母亲文化程度为高中或中专的学生次之（均值2.01），母亲文化程度为大专、本科及以上的学生认同度最低（均值2.09，2.10）。母亲文化程度为大专、本科及以上的学生在生命价值与意义上对问卷题目认同度最高（均值2.20，2.20），母亲学历为高中或中专、初中的学生次之（均值2.25，2.27），母亲学历为小学及以下的学生认同度最低（均值2.32）。母亲文化程度不同的学生在生命自我认知与调节，以及生命价值观教育必要性上得分无显著差异。

(9)对未婚堕胎的观点

表11　对未婚堕胎所持观点频数统计

观　点	频　数	频　率	个案频率
败坏道德风气,无法接受	686	10.9%	32.8%
如果当事人无力抚养,则可接受	1247	19.9%	59.7%
觉得是对生命的不尊重	1625	25.9%	77.8%
觉得能降低对当事人前途的伤害	741	11.8%	35.5%
觉得会给当事人带来身心伤害	1773	28.3%	84.8%
其　他	198	3.2%	9.5%
总　计	6270	100.0%	300.0%

对定项多选题第17题“您对未婚堕胎持何观点？选3项”进行分析,频数统计结果如上表所示,32.8%的学生选择了败坏道德风气,无法接受;59.7%的学生选择了如果当事人无力抚养,则可接受;77.8%的学生觉得是对生命的不尊重;35.5%的学生觉得能降低对当事人前途的伤害;84.8%的学生认为会给当事人带来身心伤害;9.5%的学生持其他观点。由此可见,大部分大学生对未婚堕胎的行为能够保持清醒认识,能够认识到未婚堕胎的危害性。

(10)生命的意义和价值

表12　生命的意义和价值频数统计

生命的意义和价值	频　数	频　率	个案频率
人生的价值在于奉献	785	12.2%	36.7%
挑战自我、超越自我	1136	17.7%	53.1%
享受人生,吃喝玩乐	440	6.9%	20.6%

续表

生命的意义和价值	频　数	频　率	个案频率
孝敬父母,家庭幸福	1600	24.9%	74.8%
追求自己的梦想	1383	21.6%	64.7%
过安稳平淡的生活	587	9.2%	27.5%
有较高社会地位和一定经济实力	453	7.1%	21.2%
其　他	30	0.5%	1.4%
总　计	6414	100.0%	300.0%

对定项多选题第18题“您认为生命的意义和价值是什么?选3项”进行分析,频数统计结果如上表所示,36.7%的学生选择了人生的价值在于奉献,53.1%的学生选择了挑战自我、超越自我,20.6%的学生选择了享受人生,吃喝玩乐,74.8%的学生选择了孝敬父母,家庭幸福,64.7%的学生选择追求自己的梦想,27.5%的学生选择过安稳平淡的生活,21.2%的学生选择有较高社会地位和一定经济实力,1.4%的学生选择生命的价值和意义是其他。由此可见,当代绝大多数大学生能够正确把握生命的意义和价值,比较注重孝文化,勇于追求自己的梦想,但仍有部分学生追求享乐,需要积极的价值观对其进行引导。

第二节　大学生生命价值观教育存在的问题

一、功利主义造成部分大学生漠视生命价值

在高校扩招过程中,我国普通高等教育招生数有了大幅度的增加。大学生人数的增多,同时也意味着大学生就业困难的加大。在巨大的就业压力下,高校在人才培养上更多地关注如何让学生找到工作,表现出明显的功利化倾向,教育在一定程

度上已失去了它的本真目的——培养人。

第一，功利主义弱化了人的生命价值、消解了人的尊严。功利主义造成人们情感冷漠化，精神家园荒漠化，理想信念迷失。这些现实情况影响了学生的成长与发展，对部分大学生来说，校园成为倍感压力和失落的地方，而不是成长的摇篮、精神的家园，他们心中只剩下就业这一目标，对社会、政治缺乏应有的热情，对与自身利益关联性不大的事情采取冷漠的态度。“一个时期以来，高等教育中的带有倾向性的趋势是以功利为目的、以市场为导向、以就业为标准、以实用为内容，致力于把大学生培养成某种‘毕业即可上岗’的‘专门人才’。”[①]这种教育倾向忽视了“人”的感受，失去了教育本真的意蕴，导致人文教育日渐式微，使教育的无限可能变成传授知识、谋求生存技能的有限目的，缺乏对学生的人文关怀和价值引导，使学生对生命价值和生活意义产生质疑。在这种教育理念指导下，大学淡化了传承和创新文化的职能，更难做到“育人为本”。“功利主义盛行之下，教授以‘没有4000万别见我’来励志，学生视校园为‘职场训练营’，家长坚信‘好工作才有好未来’，从教育流水线上下来的，可能是越来越多的‘精致利己主义者’。眼下，那些‘目中无人’、‘六神无主’的教育，会带领我们的孩子、我们的国家通往怎样的未来？”[②]这样的教育忽视了个体生命成长发展需求，导致部分大学生缺乏对生命存在价值和意义的探索、认知和思考，体验不到生命的价值和生活的意义，出现一种生存的迷茫，不知道活着到底是为了什么，生命又有何意义。

第二，功利主义支配下，教育关注于学生如何成才，忽略了如何成人，缺乏对学生人格的培养。教育在本质上发挥的作用

① 孙正聿.人的精神家园[M].南京：江苏人民出版社，2014：75.

② 人民日报评论部.教育，如何让生命蓬勃生长：创造一个更好的中国之三[N].人民日报，2014-01-10(5).

应该是塑造健全的人格，其真正目的在于促进人的自由而全面的发展。在功利主义支配下，部分高校更侧重关注学生如何成才，注重教，缺乏育，育人职责和功能有所弱化。一些大学为了生存不得不开设一些适应市场需求的专业课程，使其所培养的学生日后能够在社会上生存。学校课程内容过于看重学生的未来就业，过分重视知识技能的传授，重视教导学生如何活下去，却缺乏教育学生为什么活下去。

第三，功利主义教育导致师生之间情感疏离。在工具理性和功利主义驱动下，部分教师的“教”蜕变为单纯的讲授知识，这部分教师只承担了教书功能，而忽视了育人职责。“当代教育中的功利主义价值倾向，其本质在于片面强调教育为个人和社会现实发展需要服务的价值，并把这一价值推向一种极端的状态，从而完全抛弃、背离了教育自身的终极价值追求。”[①]这种过于重视当前利益而忽视学生的长远发展，注重实用功利而放弃远大理想目标的教育，使课堂成为知识训练的场所，学生体验不到生命的新奇和自由。师生间缺乏心灵上的碰撞与交流，容易导致师生之间情感疏离。

二、部分大学生丧失对生命价值的高尚追求

现代人一般从科学的角度来阐释生命，对生命意义的理解也因此变得较为简单，即仅仅看到生命的生物学意义却忽略了生命的类本质以及内在精神归属。部分大学生缺乏理性思维能力和批判精神，远离信仰，拒绝崇高，对理论、理想都嗤之以鼻，丧失了对生命价值的高尚追求。虽然他们学习了“何以为生”的本领，却不知思考“为何而生”，缺乏正确的人生信仰和基本的社会责任感，把人生理想世俗化，生命价值观也出现功利化的倾向。

---

① 徐生.教育的功利主义与终极价值追求[J].理论前沿，2009(4)：18.

第一，消费主义以物化的方式对大学生的精神健康产生消极影响，造成部分大学生过度注重追求财富、奢侈消费，丧失对生命价值的高尚追求。例如，商家通过广告宣传和各种促销手段传递着占有该产品就是一种时尚的生活方式的强烈信号，以激起人们的消费欲望。这种消费需求是被商家创造出来的虚假需求，表现在人们购买了大量实际上用不着或很少用的商品，结果造成人们从追求商品的使用价值而不自觉的变成追求商品的符号价值的局面。消费主义宣扬的虚假需求导致部分大学生内心的占有欲作祟，越是占有越是满足不了内心的欲望，占有越多，占有欲就越强烈、越膨胀。部分大学生对生活感到迷茫和困惑，对生命产生无价值感，对学习和生活产生无成就感，从而沉溺于对物质生活的追求，忽略或者抛弃了对精神生活的追寻，出现自我幸福感偏低、生活空虚、抗挫折能力差、逃避困难、漠视生命等诸多问题。当人们过度关注感官刺激，以金钱和满足自己物质欲望时，生命价值就会被矮化，被消费所绑架。“某些社会生活领域普遍缺少价值内涵和文化底蕴，追求感观刺激和快乐消费；真心真意缺失，好伪作假上升；一些人的道德人格缺少价值指导和精神支撑，真善美观念越来越淡薄；一些文学、影视等文化产品表现出来的价值取向趋向模糊甚至混乱。”[①]对物质和金钱的占有和追求成为生命的价值和意义，消费已经从单纯的消费行为、消费观念变成一种生存状态，一种价值观。这种价值观把人们精神上的满足完全构筑在物质消费的基础上，实际上是把人的尊严和价值与物质消费画等号，消解着人们应有的人文精神。

第二，市场功利性引发的拜金主义、享乐主义，使部分大学生人生观、价值观扭曲，影响他们对生命价值的积极追求和自我建构。享乐主义在高校深受大学生欢迎，大多数同学对于超

① 周正刚.文化呼唤真善美[N].人民日报，2010-03-30(24).

前消费持认可态度。“现代人在追求世俗的享乐生活中，不再具有超越的精神，这就使得生命失去了终极价值的支撑，生命缺乏终极性的追求。这表现为生命的超越和发展在受到阻碍。生命失去终极的目的，满足于鄙俗、低级与无聊。生命价值的失落，使得我们对他人生命的冷漠，对自己的生命不以为然，对世间他人的痛苦无动于衷，我们的生命感觉麻木了。”[①]

显然，经济环境中市场经济的功利性趋向容易催生市场化人格，直接影响和冲击当代大学生的价值观念。如果把美好生活界定为消费和享乐，向往奢侈的物质生活，迷恋庸俗的生活方式，远离高尚的精神生活，把幸福理解为消费更好、更多和更时尚的商品，那就是对生命价值和意义的误解。当一个生命体只能在自己与外在世界之间建立起消费关系这一纯粹功利主义关系的时候，他是不会理解真正的人生意义的，因为对他来说，甚至生命本身也不过是一个‘消费品’。把生命尊严和价值与消费多少、消费层次挂钩，抛弃生命的精神价值，生命的目的好像就是为了物质消费。为了享受，人成为没有思想灵魂的消费动物。这种消费主义、享乐主义对大学生健康人格的塑造造成了消极影响，部分大学生在理想信念上仅剩下了“躲避崇高”后的迷茫，“渴望堕落”后的伤感，“玩的就是心跳”后的空虚，最终也会失去对理想信念的追求。

三、部分大学生缺乏对自身生命价值的认知

伴随经济结构、组织形式和生活方式的多样化，文化发展必然呈现多样性的特征，人们的价值取向也呈现出多元化特征，还有各种社会思潮的相互激荡，这一切虽然给青年学生的成长提供了更为丰富的文化氛围，但又容易让他们陷入选择的尴尬，造成价值的混乱和迷失。

① 刘铁芳.现代教育的生命关怀[M].上海:华东师范大学出版社,2007:34.

第一，部分大学生缺乏对“时间即生命”的认知。少年易老学难成，一寸光阴不可轻。大学阶段是人生最美好的阶段，也是大学生努力充实自己，提升自我的重要时期。法国诗人吕凯特曾说，生命不可能有两次，但许多人连一次也不善于度过。目前，部分大学生在经历了高考后就放松了对学业的要求，上课低头玩手机游戏、刷微博、逛淘宝，甚至趴在桌子上睡觉。部分学生周末窝在宿舍里看电视剧、打游戏，楼道里的送餐员络绎不绝。荒废时间就是荒废生命，我们肆意荒废的今日，是多少殒身之人渴求的明日啊！时间即是生命，把握住了时间，你就把握住了成就生命价值的关键。

第二，部分大学生的时间管理不够合理。对调查问卷“您觉得在业余的时间，做什么事比较好？（选三并排序）”题的统计结果显示，有48.0%的学生选择业余时间该尽情去玩；71.3%的学生选择业余时间该好好睡觉休息；78.3%的学生选择业余时间该看书增长知识，35.4%的学生选择业余时间该打工做兼职；12.6%的学生选择业余时间该谈恋爱；50.1%的学生选择业余时间该多去结交朋友；4.2%的学生在业余时间有其他安排。在被问及“您会把事情按重要性排列吗”时，有10.4%的学生选择“很少”，36.8%的学生选择“偶尔会”，52.8%的学生选择“通常会”。由此可见，部分大学生的时间管理不够合理，缺乏利用最少的时间创造最大的生命价值的认知，没有很好地利用时间创造自己的生命价值。因此，我们提倡高校加强大学生的时间管理教育，帮助学生做好生命规划。

第三，当代部分大学生的生活方式不科学，身体处于一种亚健康状态却不自知。部分大学生缺乏身心健康意识的表现主要有：对体育锻炼增强体质认知模糊，把课外活动功利化，对没有学分或者物质刺激的活动参与度低，课余学习时间宁可宅在宿舍上网、看电影、打游戏、睡懒觉、网络购物等，也不愿意离开网络、走出宿舍、走向操场。笔者所做问卷调查结果显示，在被问及“您每星期锻炼多长时间”时，有16.9%的学生选择“半小时以下”，27.1%的学生选择“0.5—1小时”，32.6%的学生选择“1—3小时”，13.1%的学生选择“3—5小时”，仅10.3%的学生选择“5小时以上”。由此可见，大学生普遍存在缺乏锻炼动力、锻炼次数和锻炼时间的问题。

四、大学生生命价值观教育机制还有待完善

目前，在高校人才培养方案里鲜有生命价值观教育的相关内容，更鲜有高校把生命价值观教育课程作为必修课。高校大学生生命价值观教育仍面临着下列问题。

首先，在教学工作中没有注重生命价值观教育。教师是教学工作的主要承担者，对教学质量的好坏负直接责任，教师自身的思想状况和专业素养直接影响着对大学生生命价值观教育的教学质量。然而，现实的情况是大多数教师在教学过程中忽视对学生生命价值观的教育，有些教师自身的思想状况和专业素养无法胜任生命价值观教育的教学任务。教师应该在提升自身业务素质的同时率先垂范、言传身教，在教学工作中精于教书、勤于育人，引导学生热爱生活、珍爱生命，促进学生的全面发展。

其次，在管理制度中没有强化生命价值观教育。高校中与学生联系密切的除了教学工作以外就是学生的管理工作。但是有些高校学生管理制度的制定和管理条例的设定都过于“行政化”了，使学生管理工作在具体的实施过程当中缺少人情味，看似严格执行的管理条例在实际的学生管理工作中取得的效果并不佳，因为有效的学生管理工作不仅需要硬性的规定而且需要充满生命关怀。过去僵化的管理制度不利于高校生命价值观教育工作的开展，这种管理方式忽视了对学生生命和学生个体生命的差异

的关注。高校学生管理工作应少一些规范化的硬性规定,在管理条例的设定上多考虑学生的生理和心理特点。

最后,缺乏有效的生命价值观教育考核机制。高校大学生生命价值观教育的良好有序发展还需要一个有效的考核机制来作为保障。考核可以起到监管的作用,凡事有一个第三方的监管和考核才会推动其规范化发展。因此,需要有一个健全的考核机制来持续推动高校大学生生命价值观教育工作规范化和制度化发展。然而高校大学生生命价值观教育的现状则表明当前的生命价值观教育工作缺乏一个完善的、有效的考核机制。具体问题表现在:第一,考核方式简单。高校对大学生生命价值观教育的考核方式主要是学分、出勤率、考试相结合的综合性考核,没有将考核渗透到生活中去,仅仅局限于学习层面。第二,考核内容单一。高校对大学生生命价值观教育的考核内容还是以考核平时课堂上学习到的理论知识为主的,形式也是以试卷考试为主,这样的考试方式对于大学生生命价值观教育这样的综合素质教育而言,是不能够完全反映教育效果的,应增加大学生实际生活中的实践考察。第三,考核标准不科学。把成绩的高低、分数的多少作为生命价值观教育成效的与否,这样的考核标准是不科学的,并且是不可取的,这样考核出来的结果往往并不利于高校大学生生命价值观教育的深入开展和长远发展,反而会适得其反。第四,考核对象不全面。每一名教师在教书育人之前也是一名受教育者,而且学习也应该是终身的,不应该随着年龄、职业、角色的变化而停止。所以大学生生命价值观教育的考核对象应该包括所有教师和学生。教师应在教育学生的过程中与学生共同学习、共同进步,考核学生的同时也要考核教师。这不仅有利于教师教育工作的进步及专业素养的提高,也有利于教师自身思想境界、价值观念的发展。

第三章 大学生生命价值观教育的影响因素

生命价值观的组成内容丰富多样，一个人的生命价值观的形成也受多方面因素的影响。当前，我国社会生活发展迅速，改革不断全面深化，市场经济，文化多样性，民主法治建设，网络社会以及教育环境等对大学生生命价值观的形成产生了重要的影响。一方面，有利于当代大学生培养主体意识、创新思维、成才意愿。另一方面，也造成部分大学生对生命价值观的理解出现较大的偏差，甚至产生消极的生命价值观。因此，在各种影响因素的作用下，当代大学生生命价值观教育面临着新的挑战和要求。

第一节 市场经济对大学生生命价值观教育的影响

一、市场经济改变了大学生的生活和交往方式

随着我国市场经济发展，人们的所思所想与过去相比发生了很大的变化。人们的思想观念更加开放，逐渐认可相互竞争和追求效率与利益的理念，摒弃了过去的平均主义、“大锅饭”思想。市场经济促使人的主观能动性得到充分发挥，帮助人们

形成独立人格，在这样的环境下人们可以充分发挥自己的主动性、积极性和创造性。市场经济培育出一种新的价值理念，即自由、民主、平等、效率、竞争、创新等。市场经济改变了以往自然经济主导下的人身依附关系，形成了马克思所讲的“以物的依赖性为基础的人的独立性”，并不断促进个人自我主体意识的觉醒，独立意识的增强，大学生的生活和交往方式也随之发生了改变。

一是市场经济促进大学生建立起广泛、深入、普遍的交往关系。“在马克思看来，人们之间的经济关系是人们社会生活的基础，经济关系以及由此派生出来的社会关系的性质，决定人们联合、交往的方式和性质，决定个人的社会面貌及个人和社会的关系的性质。”[①]随着我国市场经济的发展，生产力水平的大大提高，需要新的生产关系与之相适应，这就会产生新的交往形式，这些新的交往形式突破了时间和空间对人们交往实践的限制和阻碍，人们的交往范围不断地扩大，人们逐渐接受人与人的交往关系通过商品货币关系表现出来。“过去那种地方的和民族的自给自足和闭关自守状态，被各民族的各方面的互相往来和各方面的互相依赖所代替了。物质的生产是如此，精神的生产也是如此。各民族的精神产品成了公共的财产。”[②]也就是说，经济发展拓展了人类生存的空间，人们交往关系发生重大变化。这种变化体现在人与人，民族与民族，国家与国家之间的交往交流越来越频繁等方面，生产活动互相渗透，你中有我，我中有你，互相依赖生存。经济发展打破了固有的社会分工对人身的限制，唤醒了人的主体意识，使人们的积极性、主动性和创造性获得空前发展，颠覆了传统生命个体的生存方式和生活方式，个人逐渐从传统的人际关系中摆脱出来，以独立自主的利益主体进行交往。人与人之间交往的社会

① 韩庆祥.马克思的人学理论[M].郑州:河南人民出版社,2011:178.

② 马克思恩格斯文集:第2卷[M].北京:人民出版社,2009:35.

化、普遍化，增强了人的独立性和自主性。

二是市场经济深刻地改变了人们的世界图景和思维方式，也深刻地改变了大学生的价值观念和生活方式。“特别是市场经济的功利主义的价值取向，更使人们相信‘与其相濡以沫，何如相忘于江湖’，越来越要‘亲兄弟，明算账’了。于是乎一向‘温情脉脉’的‘友情’变成了‘人一走，茶就凉’的‘交情’，一向‘相濡以沫’的‘近邻’变成了‘似曾相识’的某些熟悉而又冷漠的面孔。”[①]在传统社会中，人们的流动性很小，一个人一生中只在一个地方干一件事的人居大多数，但如今，一个人一生只在一个地方干一件事的人很少，因为当代社会中人们的流动性很大。这种新常态的生活方式促使大学生们居安思危，树立起生存意识和主体意识，以一种开拓进取的精神适应时代的变化和发展。

二、市场经济容易催生市场化人格

市场经济的发展使我们的物质生活逐渐丰富起来，物质文明也得到了长足的发展。市场经济的价值取向表现在经济方面的功利主义倾向，精神方面的工具理性取向，政治方面的民主法治取向，这从根本上改变了自然经济影响下的“文化”状况。

一是在市场经济效率法则的引导下，工具理性把一切价值功利化。这直接影响了大学生的生命价值取向和价值判断，使部分大学生以功利实用为价值评价标准。部分大学生认为在所有价值物中，钱是最重要，对人最有意义，它高于一切、超越一切，这部分人淡化甚至忽略集体观念和社会责任意识，崇尚精致的利己主义，沉溺于物质生活享受。在他们身上，我们发现人的自由全面发展的可能性被功利主义制约。“在全球经济、

① 孙正聿.超越意识[M].长春:吉林教育出版社,2001:170.

文化交流日益频繁的情况下，世界各国之间的相互影响、相互制约越来越明显，这种影响使得具有共性的文化样式逐渐普及推广，进而成为全球通行标准的一种状态或趋势。"[①]

二是市场经济的功利取向导致人们物质生活和精神生活的失衡，导致违法乱纪的行为不断增加。当前大学生大多是生活在物质财富相对丰足的环境下，享受着改革开放所带来的丰硕成果，自我意识逐渐增强，个性获得充分发展。但部分大学生把物质利益看得太重，急功近利，追求感官刺激，过分专注于物质追求和生活享受。在"价值观上，一些人信奉金钱至上、金钱万能，金钱的价值在不少人的心目中已经大大超过人的价值。为金钱铤而走险的不乏其人，公开抢劫时有发生；为钱出卖人格也不再是难以启齿的事。"[②]金钱成了一种人生价值的衡量标准，部分大学生追求"重占有的生存方式"，仿佛占有的越多就意味着人的生命越能够长久永恒。其实"生命的价值一旦变成了别的东西的手段，生命价值就自然会失落，生命迷失在权力、财富、占有之中。"[③]占有是为了享受，而享受欲望是永远难以满足的，过分攀比消费平添了大学生的家庭负担。一切以金钱为中心，漠视生命存在，漠视生命价值的市场行为一旦占据大学生的心灵，追寻拜金主义、享乐主义、利己主义的思想行为就会给大学生生命价值观教育带来极大的负面影响。

三是市场经济体系的建立与完善，社会思潮呈现出多元化态势，使大学生的价值观也呈现出多元化、多样性的特征。多数大学生以实现自我价值作为人生目标，功利性、实用性等价值观都有不同程度的存在于目前大学生中，也有少数大学生过于看重个人利益，一切以自我为中心，对集体和他人漠不关心，

① 苏振芳．思想道德教育比较研究[M]．北京：社会科学文献出版社，2011：385.

② 王霞，李建平．市场经济条件下人的发展悖论及其破解[J]．福建师范大学学报（哲学社会科学版），2007(4)：25.

③ 刘铁芳．现代教育的生命关怀[M]．上海：华东师范大学出版社，2007：32.

奉献精神不足，有个人主义倾向，缺乏社会责任感。

综上所述，市场经济对大学生生命价值观教育的影响是多方面的，这种影响已经逐渐内化到社会的观念和文化中去，渗透到大学生的物质生活和精神追求的方方面面。市场经济已经成为影响大学生生活和交往方式以及生命价值观取向的重要因素。

第二节　文化多样性对大学生生命价值观教育的影响

一、多样文化拓宽了生命价值观教育思路

"所谓文化，就是指一个社会中的价值观，是人们对于理想、信念、取向、态度所普遍持有的见解。"[①]文化是价值观的外在表现，价值观是文化的核心。文化是我们内心对生命意志的体验，"体验不到生命活力释放的快感和意义所在的人，就不可能有积极主动的表现；而愈是感到生命的可贵与美好，人就愈会热爱生命并使生命表现出最大的意义。"[②]有思想的人会像敬畏自己的生命一样敬畏所有的生命，能珍惜自己的生命亦能尊重他人的生命，重视社会人际关系的和谐发展。

文化多样性实质上是价值观和思维方式的多元化，而思维方式多元化是创新精神所必备的条件之一，是创新的重要源泉和动力。多样文化在大学校园里不断涌现，学生的生命价值观受到潜移默化的影响。他们能真切感受到文化的丰富多样，从而使自己的生命价值观和思维方式发生改变。一方面，文化多

① 袁贵仁.价值观的理论与实践[M].北京师范大学出版社，2006:3.

② 张曙光.生存哲学：走向本真的存在[M].昆明：云南人民出版社，2001:316.

样性引起生命价值观的多元化，给大学生提供了更多的生命价值观选择，赋予他们更多的思想自由，提升了他们的生命境界；另一方面，生命成长发展是自我突破的过程，有时阻碍我们自身发展的不是别人，而是自己对自己的人生设限，看不到生命的种种可能。文化多样性有利于解放人们的思想，多种文化通过对话、相互交流、沟通与融合，有利于不断激发大学生的创造热情，提升大学生的创新精神。

多样文化有利于文化繁荣和满足不同层次的人们的精神需求，为社会提供了多种多样的可供自由选择的价值观念。随着各种不同的文化进入校园，大学生在吸收文化时有了更多的选择项，也有了更多的自主权。从不同的文化视角看，在多样文化共同影响下，生命价值观教育拥有了更为丰富的教育教学资源，生命价值观教育思路和生命价值观教育思维方式也更为多样。多样文化的社会环境，包含了各种不同的价值观念，拓宽了大学生的视野和生命发展空间。多样文化环境为个人提供了更多的选择机会和价值判断标准，让人们从绝望中寻找希望，探索生命的可能，从而超越生命的有限性。

二、多样文化使大学生生命价值取向困惑

价值是文化的核心，多样文化的社会环境必然会形成多元价值取向和评判标准。“文化多样性背后承载着意识形态，特别是西方的文化渗透有可能引发大学生对社会主义主流意识形态的怀疑和否定，从而冲击社会主导价值观。”①也就是说，某些西方国家打着文化多样性的旗号，对我们进行意识形态渗透，引导大学生对社会主义核心价值观持怀疑和否定的态度，对中华民族伟大复兴的中国梦的实现带来了一定的影响和冲击。

① 谢宏忠.基于文化多样性视野的大学生价值观导向研究[D].福州：福建师范大学，2010.

这种冲击和影响是一种潜移默化的，从量变到质变的浸透过程。正如邓小平同志所指出的："有的现象可能短期内看不出多大坏处。但是如果我们不及时注意和采取坚定的措施加以制止，而任其自由泛滥，就会影响更多的人走上邪路，后果就可能非常严重。"[①]"在意识形态上，其要害是从根本上否定马克思主义指导地位和中国走向社会主义的历史必然性，否定中国共产党的领导是人民的选择、历史的选择，从而消解民众对中国特色社会主义的理论自信、道路自信和制度自信。"[②]当大学生受多样文化冲击而不自知，缺乏民族自信、丧失民族自豪感时，就会在生命价值取向方面产生困惑。

习近平总书记在文艺工作者座谈会上指出："改革开放以来，我国经济发展很快，人民生活水平提高也很快。同时，我国社会正处在思想大活跃、观念大碰撞、文化大交融的时代，出现了不少问题。其中比较突出的一个问题就是一些人价值观缺失，观念没有善恶，行为没有底线，什么违反党纪国法的事情都敢干，什么缺德的勾当都敢做，没有国家观念、集体观念、家庭观念，不讲对错，不问是非，不知美丑，不辨香臭，浑浑噩噩，穷奢极欲。"[③]在多样文化影响下，作为历史唯物主义对立面的历史虚无主义，否定了中国革命的价值和意义，否定了中国走特色社会主义道路的必然性，消解了革命英雄牺牲生命的价值和意义。

例如，某些"抗日雷剧"为了迎合人们的强国心理，亵渎了中华民族伟大的抗战史，把抗战精神空洞化和虚无化。篡改历史是对革命前辈的犯罪，是对生命的不尊重，是缺乏历史责任和担当的表现，伤害了中国人民的感情。这些"雷剧"使革命英

① 邓小平文选：第3卷[M].北京：人民出版社，1993：45.

② 杨建义.历史虚无主义的网络传播与应对[J].思想理论教育导刊，2016(1)：112.

③ 习近平.在文艺工作座谈会上的讲话[N].人民日报，2015-10-15(2).

雄的生命价值和意义被消解,人民群众心目中的英雄形象被过度虚化,导致大学生在生命价值取向方面产生困惑。

第三节　网络社会对大学生生命价值观教育的影响

一、网络社会对大学生生命价值观教育的积极作用

网络社会是在以计算机和互联网技术为代表的信息技术推动下产生的新的社会形态。它不是孤立的社会形态,而是传统社会在新时代的进化;它既保留传统社会的一部分,又体现出完全不同的特点。同人们熟悉的传统社会相比,网络社会具有数字化、开放性、虚拟性和自由性等特点。网络社会的发展推动着人们价值观念、行为方式的转变。在网络社会的环境下,大学生能更快更方便地了解国内外大事,从而丰富自己的知识,提高自身的生命文化素养。

第一,网络社会中信息交流方式日益发达,社会呈现出前所未有的信息化状态,人类文化活动获得了无限发展的新空间。知识的获取不再受国界、时间、地点限制,相当多的知识都能够通过网络获取。当代大学生获得信息的渠道日益多样,知识传播的时空障碍被消除,大大加强了大学生学习的自主性。大学生生活呈现出高度信息化的态势,这既为大学生生命价值观教育提供了丰富的信息资源和教育空间,也突破了时间和空间的限制,方便他们随时随地学习和交流。教育者和学生们都能够迅速及时地浏览和访问有关生命价值的文化资源,这既满足了他们的信息需求,也提高了生命价值观教育资源的利用效率。同时,这也可以节省大量的人力和物力。

第二，网络社会使大学生获取信息的渠道更加通畅，自我表达更加自由。网络成为大学生满足自身精神文化需求的新途径，大学生能以完全自主的方式，开拓自己的知识领域。这使得他们提高了信息处理能力，增强了主观能动性，强化了主体意识，加深了对生命意义和价值的理解。

第三，网络社会促进大学生交往实践。网络社会的快速发展，社会环境对大学生生命价值观的形成和发展起着越来越重要的作用。网络交往、虚拟交往，与现实交往相比较，具有更加平等、自主、自由、广泛、多样的特点。这种交往模式是一种新的精神生活方式的表现，实现了交往者思想上的开放与精神上的放松，是对现实交往的超越，增强了人与人之间的相互交流，相互影响，并且这种影响较之现实世界更加深入、全面和持久。

网络社会使人们的社会关系发生新的变化，人们突破了以往局限于血缘、地缘、业缘的传统社会关系，进入网缘的新型社会关系中。这种新型的社会关系打破了现实生活中种种不利于人际沟通的障碍，改变了传统社会中人们面对面的交往方式，同时也使人们的交往观念发生巨大的变化，为个人的全面发展提供了新的可能。因此，可以说这种交往实践，有利于促进大学生的全面发展。

二、网络社会给大学生生命价值观教育带来的挑战

网络社会中，人们的思想观念和评价标准呈现多元化的发展趋势，传统的价值观受到很大的冲击。价值体系和价值观念开始产生变化，这些变化影响着文化、教育领域，尤其是对人的思想意识产生极大的冲击。

第一，网络传播内容具有多源多发的特征，信息来源繁杂，这在一定程度上导致信息冗杂、污染以及失真。其实，任何一

种传播媒介都存有有害信息，但因网络这一独有的技术特性，导致有害信息在网络上的传播速度、传播频率及传播数量均远超于传统媒介，所产生的负能量影响着大学生生命价值观教育的准确性和有效性，这些虚假、矛盾、偏激、跟风、炒作等不良信息流干扰了大学生对网络世界和现实世界的衡量标准，最终造成大学生在对待正确的生命价值观教育引导时产生逆反心理，最终难以融入社会交往的沟通交流环境。

第二，由于大学生心智各方面还不够成熟，在网络传播中没有坚定的方向，网络安全保护意识淡薄，在接收各种信息资源时，缺乏较强的信息分辨能力、自律自控能力和自我调整能力，如长期受不良网络环境的影响便会导致认同危机、人际交往障碍、社会化偏差等问题，也容易在网络中迷失自我。

第三，大学生的道德责任感受到挑战。网络毕竟是没有物质实体的存在，在现实生活中需要承受的道德与法律约束不再有力，大学生可以毫无限制地发表个人观点，其中不乏不当言论。网络中的道德建构还不完善，一方面，大学生对相关网络媒介规范的认识度和重视度不够高；另一方面，大学生自身外在规范转化为内在约束的能力不够强，大学生个体的行为控制力较弱。这对于当代大学生形成良好道德观念而言是极为不利的，反而容易塑造大学生群体责任意识淡化、法律观念淡薄、道德观念不正的网络形象。

综上所述，一方面，网络信息内容的丰富性有利于大学生拓宽自己的知识视野，网络的便捷性有助于大学生的交往方式的多样化；另一方面，随着网络传播技术的高速发展，影响大学生思想的信息内容和渠道越来越多，大学生教育的可控性和实效性受到前所未有的严峻挑战。

第四节 教育环境对大学生生命价值观教育的影响

一、学校教育唤醒大学生生命价值与权利意识

教育不仅仅是知识的传递，更是生命与生命的沟通与交流的过程。随着教育理论研究的深入，人们已经逐步认识到，在教育活动中的个体生命是一个完整性的存在，而不仅仅是一个认知性的个体，教育活动的内容也不能仅仅局限于传授“何以为生”的知识和本领，更要从不同角度论证坚持“人的生命的整体发展”的可能性与重要性。教育不能仅仅只是学生获取知识的工具，更应该关心和培养学生个体生命的精神成长。学生认知能力的发展，仅仅是他们整体生命发展过程中的一部分并非全部。

学校教育的根本价值在于提高人的生命价值。人作为教育的对象，除了经由教学获得知识、认识事物，更重要的是使自己的生命意义和价值获得彰显。“教育对于生命不仅依然具有原始性的价值，而且具有提升人的生命价值和创造人的精神生命的意义，即对生命潜能的开发和发展需要的满足，成了教育重要的基础价值性。教育应成为创造幸福人生和人类社会进步的重要工具。”①教育是用一个智慧生命开启许多智慧的生命，用一个心灵唤醒许多心灵，是一种促进真善美相统一的人格发展的实践活动。真正的教育除了为国家社会发展培养技能型人才，更要关注培养有社会担当、有理想、有抱负的人。

学校教育在于唤醒大学生生命价值与权利意识，使学生意

① 叶澜等.教育理论与学校实践[M].北京:高等教育出版社,2000:137.

识到生命的意义在于自己与自己的关系，自己与他人的关系，自己与自然的关系，自己与社会的关系中。爱因斯坦曾指出，学校的目标始终应当是：青年人在离开学校时，是作为一个和谐的人，而不是作为一个专家。在笔者看来，发展独立思考和独立判断的一般能力，应当始终放在学校教育首位，而不应当把获得专业知识放在首位。如果一个人掌握了他所学学科的基础理论知识，并且学会了独立地思考和工作，他更容易找到他自己的道路，而且比起那种主要以获得细节知识为培训内容的人，他一定会更好地适应社会变化。学校教育不仅是满足人的物质需要的手段，更应成为人的心灵世界的引导。学校教育应唤醒大学生的权利意识，培养学生的独立思考能力和批判精神，使他们拥有坚定而明确的价值追求，把自身优势发挥到极致。

二、家庭教育对大学生生命价值观形成的影响

人的生命成长离不开家庭。人一出生就在家庭中生活，一生中的大部分时间都在家庭中度过，人的一生都伴随着家庭，因而家庭对人的影响又具有长久性。孩子一出生，首先面对的就是家庭，家庭对孩子的影响是广泛的，家庭教育对孩子生命成长发展的影响有着不同于学校教育、社会教育的特点。每一个孩子都是从家庭走向社会的，家庭教育对孩子的人格形成和个性发展发挥着重要的作用，父母的一言一行都会对孩子产生潜移默化的影响。大学生和父母的关系非常重要，与父母的关系会影响到大学生和其他人的人际关系。

第一，家长的言传身教对孩子的影响是潜移默化的，也是其他教育方式和手段无法比拟的。“无论时代如何变化，无论经济社会如何发展，对一个社会来说，家庭的生活依托都不可替

代,家庭的社会功能都不可替代,家庭的文明作用都不可替代。"[①]父母是大学生最亲近的人,他们具有天然的血缘关系。在日常的家庭生活中,父母的教育伴随着生活中的点滴细节渗透进孩子的心灵,由此产生的影响对人的道德发展、人格成长都将产生不可估量的作用,对学校教育效果也会产生一定的影响。因此,家庭教育对高校实施生命价值观教育具有重要的影响,如果忽视了家庭教育,将生命价值观教育仅局限在学校这个范围,大学生生命价值观教育就很难获得良好的效果。

问卷调查中的"您认为生命价值观的确立,主要受什么影响?选3项"的统计结果显示,有90.1%的学生选择了生命价值观主要受家庭教育的影响,84.8%的学生选择了生命价值观主要受自己经历的影响,68.6%的学生选择了生命价值观主要受学校教育的影响,41.6%的学生选择了生命价值观主要受朋友圈子的影响。由此可见,家庭教育对孩子的生命价值观形成起到关键性作用。

目前很多家长送孩子上学,首先考虑的是自己的孩子通过教育获得较高学历以后可以谋取好的职业,受教育者在选择自己专业的时候,往往也要受到市场需要的支配。这种过度实用化、功利化的追求使孩子只关注于自身的利益,只考虑如何使自己的利益最大化,但一个时时以是否对自己有利为考量原则,只知道趋利避害的行为主体,会是一个时刻准备钻制度空子的机会主义者,是难以树立正确的生命价值观的。

第二,父母对孩子生命价值观的影响大大超过我们的想象。童年从父母那里所受的影响,决定了我们和自己说话的方式,我们对自己说什么非常重要,是我们讲话的基础,这些话能带来相应的精神气氛,并吸引相应的生活经历。我们长大以后

① 习近平.在会见第一届全国文明家庭代表时的讲话[M].北京:人民出版社,2016:2.

的心态是积极地对待自我,还是消极地对待自我,是培养了自信的“我”,还是自卑的“我”,都或多或少地受到了家庭教育的影响。不同的心态的人在应对人生的坎坷时,对生命价值的判断截然不同。爱因斯坦曾指出,如果一个科学家相信这个世界是邪恶的,他将终其一生去发明武器、创造伤害人的东西;如果一个科学家相信这个世界是善良的,他就会终其一生发明联系,创造连接,发明能把人连得越来越紧密的东西。同理,如果家长心态是积极向上的,那么就能够教育孩子挑战各种可能性,体验生活的精彩;如果家长的心态是消极的,总是悲观地面对生活,孩子就会和父母一样,在面对困难时,容易往坏处想,对生活失去希望。

第三,家庭教育是一个人成长的起点,而在家庭教育中,母亲对子女的影响往往最为直接。老舍在纪念母亲时说:“从私塾到小学,到中学,我经历过起码有几十位教师吧,其中有给我很大影响的,也有毫无影响的,但是我的真正的教师,把性格传给我的,是我的母亲,母亲并不识字,她给我的是生命的教育。”[①]因此,可以说“母亲的第一件工作,就是让她的孩子感受到她是值得信赖的人,然后她必须把这种信任感扩大,直到涵盖儿童生活环境中全部的东西”。[②]

---

① 老舍.老舍生活与创作自述[M].北京:人民文学出版社,1982:292.

② 阿德勒.生命对你意味着什么[M].李心明,译.南京:江苏人民出版社,2012:13.

第四章
大学生生命价值观教育的主要内容

生命价值观既是人的认知方式,也是人的一种生活态度。大学生生命价值观教育的总目标是培养大学生成为和谐的、全面发展的人,而非成为某种人。大学生生命价值观教育的主要内容:一是教育大学生要领悟生命本真,谋划精彩人生;二是教育大学生要珍惜生命存续,感悟生命之善;三是引导大学生创造幸福生活,体味生命之美;四是引导大学生树立崇高理想,成就生命之魂。

第一节 领悟生命本真,谋划精彩人生

一、生命本真的矛盾性

人的矛盾性和差异性决定着人类对自身的认识具有复杂性。"人真可以真至披肝沥胆肝胆相照,人假可以假至尔虞我诈阳奉阴违;人善可以善至舍生忘死救人助人,人恶可以恶至疯狂残暴屠杀人类;人美可以美至为了理想信念慨然高歌赴死,人丑可以丑至为了区区小利卖身投靠而苟活。"[①]人的生命本真到底是什么?

① 刘晓英.立体的实践和立体的人——兼论马克思探讨人的本质的理论定位[J].理论探讨,1997(6):58.

这个问题实际上很难有所谓的标准答案。有学者认为:“一是生理性血缘生命;二是人际性社会生命;三是精神性超越生命,此之谓生命本真。”①从便于理解的角度分析,我们认为,生命本真实际上应该:一是自然生命;二是社会生命;三是精神生命。

从生物学上讲:“生命是蛋白体的存在方式,这种存在方式本质上就在于这些蛋白体的化学组成部分通过摄食和排泄而不断更新。”②也就是说生命与蛋白体是紧密相连的,拥有生命现象的地方必然有蛋白体的痕迹。从生命特征角度分析,生命的特性是一维性,不可逆转、不可复制,生命对于人来说只有一次,因而,珍爱生命,反对轻生是我们每个人基本的人生责任。一个人拥有责任心,他的生命才能与别人的生命联系起来,才能产生被需要感和自我价值感。生命体现为社会存在,只有在社会实践的过程中,生命才能获得社会价值。

从生命构成方面研究,“人不仅有生物生命,而且有精神生命和社会生命,人是三重生命的矛盾统一体;人不仅生活于自然世界,而且生活于自己创造的文化世界和意义世界,人的世界是三重世界的矛盾统一体。因此,人的生命之根是人的三重生命的和谐,人的立命之本是人的三重世界的统一。”③人生命的这种矛盾性及其之间的张力是人的生命存在的最根本的动力。人的生命成长过程,即人社会化的过程,是通过社会实践逐步完成的,是人从自然人转化为社会人的过程。

“生命”本身就具有矛盾性,生命存在本身就是一个矛盾体。马克思认为,“生命首先正是在于:生物在每一瞬间是它自身,同时又是别的东西。所以,生命也是存在于物体和过程本身中的不断地自行产生并自行解决的矛盾;矛盾一停止,生命也就停止,死

① 郑晓江.论生命的本真与意义[J].南昌大学学报(人文社会科学版),2007(1):74.

② 马克思恩格斯文集:第9卷[M].北京:人民出版社,2009:351.

③ 孙正聿.人的精神家园[M].南京:江苏人民出版社,2014:97.

亡就到来。”[①]“人的生命诞生和其他生命的出生并没有太大的不同，仅仅是一个肉体的自然生命的存在，但是，从完全意义上说，这并不能宣布一个人的产生，随着人的第二次生命力——精神生命的诞生，‘人’才真正诞生了。但是，从此以后，人便要在灵肉之间摇摆。”[②]正是由于人在这种灵与肉之间摇摆，才造成了人的矛盾性和复杂性。“如果人的生命只是‘灵’或只是‘肉’，人生就不会有任何麻烦，更不会有我们今天面临的种种棘手的问题。因为虚而无形的‘灵’不食人间烟火，也不会有利益的争夺、资源的耗费以及由此所引发的社会不公、生态失衡；而无‘灵’之‘肉’不过是动物，它的一切活动都属于自然界‘物竞天择’的范畴，始终未走出自然一步，当然也不会产生人类的那些问题。”[③]人的生命既是一个现实性的存在，又是一个理想性的存在，是现实性与理想性的对立统一的存在。

人的生命存在需要追求精神生活，追寻精神超越。精神生活即是对真、善、美的追求。人如果缺乏对精神生活的追求，也就失去了生命存在的价值和意义。追寻精神超越实际上是人摆脱现实束缚，身心获得自由解放，精神得到升华的过程。失去对自由的追求，人就会感到空虚寂寞。“对人来说，生命，不只是所有的生物都具有的自然生命，而且是所有的其他生物都不具有的精神的生命、社会的生命。如果失去了精神的和社会的生命，自然的生命就失去了人的生命的意义。正因为如此，人的三重生命具有了价值的不同等级，为了捍卫精神的和社会的生命可以舍弃自然的生命。”[④]一方面，人作为自然存在物，是自

① 马克思恩格斯文集：第9卷[M].北京：人民出版社，2009：127.

② 刘济良等.生命的沉思：生命教育理念解读[M].北京：中国社会科学出版社，2004：27-28.

③ 张曙光.生存哲学：走向本真的存在[M].昆明：云南人民出版社，2001：191-192.

④ 孙正聿.人的精神家园[M].南京：江苏人民出版社，2014：11-12.

然界的一部分，受自然规律的决定和制约，这体现在人的生理生命具有血缘传承性；另一方面，人之所以为人又不仅仅是一种肉体存在，更是一个社会和精神的生命存在。这说明，人是社会中的人，人要有精神追求，要遵守社会道德规范。人类的历史发展是生命价值和意义实现的过程，人类能够把握自己的命运，然后超越本能生命。

二、珍惜时光，谋划精彩人生

时间是生命的存在方式，生命的延续通过时间展现。马克思认为："时间实际上是人的积极存在，它不仅是人的生命的尺度，而且是人的发展的空间。"[①]"就人类说，人类的'时间'就是人类的'历史'，人类的'历史'才是人类的'时间'。人类是以'过去'、'现在'、'未来'来标志'时间'的。'过去'、'现在'和'未来'，创造了人类存在的'空间'。"[②]时间是最公平公正的。无论你是大人物还是小人物，无论你是家财万贯，还是一贫如洗，时间你都一视同仁，给每个人每天都是分配二十四小时，不会少分配，也不会多分配。

时间是不可储存的，是留不住的，不可能出现今天的时间用不完留给明天来用的情况。时间是我们生命历程中最为珍贵的资产，我们要努力做到，用最小的时间单元创造出最大的生命价值。大学阶段是人生的黄金时期，大学生需要学会时间管理，在观念上重视时间，行动上珍惜时间。可是有部分大学生不懂如何安排时间去做有意义的事情，没有制订自己的时间计划表或不能正确地对待自己制订的时间计划表，由于种种原因不能很好地实施计划。我们每个人都需要用心面对时间必然消失的事实，预先估算每项事情所要用的时间，清楚自己要

① 马克思恩格斯全集：第47卷[M].北京：人民出版社，1979：532.

② 孙正聿.超越意识[M].长春：吉林教育出版社，2001：146.

如何使用时间，不断反思“现在我做的事情是最重要的吗？”因此，大学生需要学会时间管理，没有时间管理意识的人，不会意识到自己的时间管理是有问题的，也就不知道如何管理时间。其实，时间管理就是要了解自己，为生命做决策，把握好“要事第一”原则。在日常生活中不怕麻烦，但也不自找麻烦，不把时间浪费在无价值和无意义的事情上，使每一天的生活有意义，这就是时间管理。

生命的价值不在于寿命的长短，而在于运用时间的方式。习近平总书记指出：“光阴荏苒，物换星移。时间之河川流不息，每一代青年都有自己的际遇和机缘，都要在自己所处的时代条件下谋划人生、创造历史。”[①]时间会流逝，可是时间见证的事情是会留下历史痕迹的。为思考付出的时间，是理智的来源；为阅读付出的时间，是智慧的启发；为工作付出的时间，是成功的基础。悲观主义者怀着悲悯和恐惧的心情感叹时间的无情和人生的短暂，积极拥抱生活的人从容面对曾经的磨难和成功的喜悦，坦然接受岁月留下的丰富的生活。日积月累，是笨功夫，但也是最聪明的方式，随着时间的推移，同专业的学生在毕业三年五年十年后的差别会逐渐明显。

人的生命是短暂的，生命是用来进取的，不是用来等候的。如何在美好的大学阶段谋划精彩人生，做最有价值和意义的事，在有限且短暂的人生中实现生命价值的最大化，这就需要有“有所为，有所不为”的价值判断。人的精力是有限的，对所追求之物必须懂得取舍，心无旁骛才能有所得。

① 习近平谈治国理政[M].北京：外文出版社，2014：167.

第二节 珍惜生命存续，感悟生命之善

一、敬畏生命，增强生命责任意识

随着科学技术的发展和人类生产力水平的提高，在人类中心主义主导下，人们不断地向大自然进军，破坏自然界平衡的基础，改造人类社会。特别是医疗技术的快速发展，使得克隆生命成为可能，生命伦理受到极大挑战，生命的神圣性被祛魅，进而使人缺乏对生命的敬畏之心、崇敬之情。每一个自杀或他杀的恶性案件无不透露出当事人对生命缺乏敬畏感和对生命的漠视。“敬畏所有伟大的生命将是我们现代人亟待探索的问题之一，也是当代教育所面临的重大课题之一。”[①]敬畏生命就是要对生命敬重，对生命有所畏惧，只有对生命敬畏并珍爱之，我们的生命才能存续。

第一，要敬畏生命，热爱生命，善待自己。“敬畏生命的人，只是出于不可避免的必然性才伤害和毁灭生命，但从来不会由于疏忽而伤害和毁灭生命。”[②]只有站在促进人的全面发展的高度，敬畏生命、珍爱生命、关爱自己、关爱他人，从容面对各类挫折，提高心理抗打击能力，学会体验生活，以乐观的态度对自己，对生活充满希望，才能更好地悦纳自我、接纳他人、融入社会，从而实现自我的生命价值。大学生应以敬畏的态度对待生命，体验自己生命的存在，体验他人生命的存在。当然这种敬畏不是惧怕各类惩罚，而是保证自身能够拥有独立的人格。只有敬畏生命及对世界和生命予以深刻的肯定，做一个有伦理道

---

① 郑晓江．生命忧思录[M]．福州：福建教育出版社，2012：215.

② 阿尔贝特·施韦泽．敬畏生命：五十年来的基本论述[M]．陈泽环，译．上海：上海社会科学院出版社，2003：134.

德的人，才能体现真正的人性。因此，敬畏生命、善待自己、热爱生命，担负起生命责任是当代大学生应该具有的生活态度，这样的人生才是有意义的人生。

第二，要敬重他人生命，感悟生命之善。善是保存生命，促进生命发展，实现生命价值。恶则会毁灭生命，伤害生命，压制生命的发展。因此，可以说，不尊重个体的生命，不承认甚至贬斥个人价值，是一种反人性的观念，也是一种不人道的做法，绝不符合马克思主义、社会主义的价值观要求。一个敬畏生命的人会珍惜生命，对他人的生命也会更加负责。有真正敬畏之心的人，才能明确自己做人的根本，才能知道心中哪些东西是不容亵渎的，才具有生命责任意识。一个对生命缺乏敬重的人，必然无视他人的生命意义和价值，更加意识不到每个人的生命所承载的社会责任和担当。当代大学生必须具有对自己负责的观念，勇于承担生命责任，对自己在生活中所担负的责任要有清晰的认识。只有对自己负责，对他人负责，通过实现生命责任为他人带来利益，我们才能实现生命的社会价值，找到自己生命存在的价值所在。

第三，要对自己身心健康负责。个人生活应该包含“身”和“心”两个方面。就身而言，主要是身体要健康，要加强体育锻炼。“心”主要是指心理健康和精神活动，即注重知情意的情感表达。学生在大学里不仅要学习知识，而且要从教师的教诲中学习研究事物的态度，培养科学的思维方式。大学生要具有自我负责的观念，并带着批判精神从事学习，才能拥有学习的自由。只有对自己负责，对他人负责，秉承幸福的人生才是敢于担当的人生，这样的人生才是有意义的人生。作为当代大学生必须具有对自己负责的观念，对自己在生活中所担负的责任要有清晰的认识。对自己的人生负责，首先可以先从对自己身心健康负责开始，从早上起床开始，努力做到早起、早锻炼。然而，当代部分大学生在享受健康身体所带来的一切时，没有意识到自己对身心健康所应该尽的义务和责任。如果对自己的身心健康都不能负责，谈何对自己的人生负责？原北京大学校长王恩哥寄语大学生要结交“两个朋友”，一个图书馆，一个运动场；配备两个“保健医生”，一个叫运动，一个叫乐观，运动使生理健康，乐观使心理健康。良好的心态，健康的身体，是身心健康的重要标志，是大学生获取全面发展的基础。

第四，没有全民健康，就没有全面小康。健康是生命的基础，著名教育学家蔡元培先生曾指出，先有健全的身体，然后有健全的思想和事业，这句话无论何人都是承认的，所以学生体力的增进，实在是今日办教育的生死关键。习近平总书记会见全国体育先进单位和先进个人代表等时强调：“全民健身是全体人民增强体魄、健康生活的基础和保障，人民身体健康是全面建成小康社会的重要内涵，是每一个人成长和实现幸福生活的重要基础。”[①]党的十八大报告中指出：“健康是促进人的全面发展的必然要求”，“完善国民健康政策，促进人民身心健康”，“广泛开展全民健身运动，促进群众体育和竞技体育全民发展”。所以我们不能为了工作学习，不照顾好身体。只有全国人民身体健康，才能实现全面小康。

二、培养生态意识，树立低碳消费理念

科学技术和现代工业的发展，提高了人类认识世界和改造世界的能力。人类在对经济利益追逐过程中，对大自然肆无忌惮地开发，对自然资源肆意地掠夺，造成了严重的生态环境问题，也把人类自己推向了前所未有的危机。如，臭氧层破洞、全球温室效应、海平面上升、物种灭绝、雾霾现象、全球饮用水安

① 习近平会见全国体育先进单位和先进个人代表[EB/OL].(2013-08-31)[2021-03-12].http://news.xinhuanet.com/sports/2013-08/31/c_125288619.htm.

全问题，等等。这些生态环境问题促使人们重新思考人与自然的关系。从生命存续视角考量，“人类中心主义”被质疑，敬畏生命、尊重自然生命的独特价值逐渐成为人类的共识。“肯定和追求人类的价值，但又把自然视为其内在价值的‘伙伴’，尊重自然，摈弃对自然的极端功利主义态度，建立一种人与自然互利共生、和谐发展的新型关系，已成为全球意识，成为对当代人类的一种强烈的代际伦理要求。”[①]因此，一个人要安顿好自己的生命，不能忽视自身和自然界之间的和谐。

一要更新观念、提高自身素质，遵循自然生态规律，培养生态意识，树立低碳消费理念，实现人与自然的协调发展。“消费主义生活方式在唤起人们对金钱贪婪的同时，也造成了资源浪费和环境恶化，给人与自然的关系带来严重损害。”[②]低碳消费理念提倡人与自然、社会经济与生态环境的和谐共生。低碳消费是新时代下中国特色社会主义消费的新理念。对于当代大学生来说，要培养他们的生态意识，引导其树立低碳消费理念，不能局限于消费是为了满足消费者的心理要求的思想。低碳消费不是以消费的占有量来衡量生命的价值和人生的意义，而是以“低碳”为导向的一种共生型消费方式，使人类社会这一系统的各个单元能够和谐共生、共同发展，实现代际公平与代内公平，使人类消费行为与消费结构更加合理化、科学化。

二要正确处理好消费与幸福的关系。随着我国全面深化改革进程的加快，市场经济制度逐步完善，经济水平不断提高，人们可支配收入大量增加，满足消费的产品越来越丰富。适当的消费无可厚非，因为“人从出现在地球舞台上的第一天起，每天都要消费，不管在他开始生产以前和在生产期间都是一

① 潘玉腾.论思想政治教育的马克思人学基础[D].福州：福建师范大学，2008.

② 陈新夏.人的发展的新路向[J].马克思主义与现实，2010(2)：55.

样。”[①]人类要生存必然需要消费，但消费的目的除了维持基本生存之外，还要为生命追寻幸福。由于消费与幸福存在很大相关性，我们不应反对合理消费，但要引导大学生认同幸福指数不能完全从消费的量来衡量。幸福需要有良好的社会环境和自然环境。幸福人生，不在于大量消费，而在于理性消费，从消费的过程中获得幸福。

三要保护生命。我们在使用消费品或享受服务的过程中应该选择无公害产品。人作为生命，也是生存于物种生命链条之中的一部分。人从自然中体会到自己存在的价值和意义。当我们一味地追求生命的经济价值时，生命的意义只有肉体的享受和炫耀了，人们甚至会为了过度消费造成生态恶化，危害更多生命。马克思用一句话对生存和占有的概念进行了解释：“你的存在越微不足道，你表现自己的生命越少，你拥有的就越多，你的外化的生命也就越大，你的异化本质也积累得越多。国民经济学家把从你生命和人性中夺去的一切，全用货币和财富补偿给你。”[②]人类的生存不是为了消费，不是为了占有更多，不是为了享乐，而是为了多给社会作贡献。

第三节　创造幸福生活，体味生命之美

一、丰富业余生活，体味生命之美

拥有丰富的业余生活，有利于人们体味生命之美。闲暇作为生命的一部分，并非全部由生命自发性地度过，而要受生命个体如何利用闲暇的意识的影响。休闲素质是健康成长路线图的重要组成部分，我们要系统地学习和理解休闲的目的和内

① 马克思恩格斯文集：第5卷[M].北京：人民出版社，2009：196.

② 马克思恩格斯文集：第1卷[M].北京：人民出版社，2009：227.

容，科学、有序地享受休闲所带来的幸福感。“今天，我们的闲暇时间是我们的祖先做梦也想不到的。然而情况怎么样呢？我们不知道如何利用新近获得的自由支配时间；我们极力消磨掉空余的时间，为每天光阴的消磨过去而感到愉快。”①自由时间是个人全面发展的必要条件，是人获得解放的一个重要条件。“自由时间是休闲的前提和载体，人有了自由时间才能从事生命中的休闲活动，从而获得自由个性和全面发展。”②所以，我们要培养学生科学处理闲暇时间，学会休闲的能力。那么何谓休闲呢？“所谓休闲，就是人的自在生命及其自由体验状态，自在、自由、自得是其最基本的特征。”③对当代大学生来说，课外文体活动并不是真正的休闲。我们要引导学生改变休闲理念，为学生提供适当的休闲时机，使学生灵活地选择自己的休闲活动，养成休闲时间的管理能力。“一个人如果有正当的游戏和娱乐，对于生活兴趣一定浓厚，心境一定没有忧郁或厌倦，精神一定发扬活泼，做事一定能勇往直前。一个民族如果相习成风地嗜好正当的游戏和娱乐，它的生气一定是蓬蓬勃勃的，文化衰落后的种种变态的不健康的恶习一定不能传染到它身上。”④大学生把握积极、正确的娱乐方式方法，有利于自己合理、有效地度过闲暇时光。丰富而有意义的闲暇教育项目可以让大学生突破教室、实验室、图书馆、宿舍的有限空间，去追求精神的超越，体味生命之美。

培养大学生以审美的眼光看待生命，体味生命之美，能够使他们形成一种独立自主的、富有批判精神的审美意识。当我

① 弗洛姆．健全的社会[M]．欧阳谦，译．北京：中国文联出版公司，1988：3.

② 刘海春．论马克思人类解放的“劳动——休闲”之维[J]．马克思主义与现实，2016(6)：25.

③ 潘立勇．休闲与审美：自在生命的自由体验[J]．浙江大学学报（人文社会科学版），2005(6)：5.

④ 朱光潜．朱光潜人生感悟[M]．北京：中国青年出版社，2013：224.

们以审美的眼光看待生命，以审美的态度对待生命的生存状态时，我们的幸福感也会增加。生命价值观教育应该培养学生体味生命之美的能力，追求生命的自然美。马克思指出："动物只是按照它所属的那个种的尺度和需要来构造，而人却懂得按照任何一个种的尺度来进行生产，并且懂得处处都把固有的尺度运用于对象；因此，人也按照美的规律来构造。"①对美的规律的把握与运用是人类充分发挥主体性的体现，对美的追求和向往是人类生存与动物生存重要的不同之处。动物和人类的生命活动必然受制于生存环境，然而人类能够随着生命活动的发展突破和超越种种限制，动物却缺乏突破和超越生存环境的能力。动物的生存方式是适应性的，而人类的生存方式则为创造性的。这种创造性生存方式体现为人类从对大自然的完全依附中逐步走向自主和自为，并且可以按照美的规律来构造自然界和人类社会。

美是和谐，是引导人们对美好生活的向往，使生活更加美好。"美，可以说是生命的一种深度、一种境界，无法发现生命之美的人是贫乏和肤浅的，他体验不到生命的丰富和壮丽，也无法完整地体味到生活意蕴。让学生发现和凝练生命之美，他们才能发出对生命的敬畏与热爱，进而从容地面对人生中的各种困难与逆境。"②经历过逆境，大学生才能学会反思，学会总结经验，以人类进步和社会发展为己任，在追求真理和理想的艰难跋涉过程中，用顽强的意志战胜苦难，即使走到了人生的尽头，也可以因为在生命交响乐中谱写了华彩的乐章而获得永恒。

二、构建智慧人生，享受幸福生活

生命的生存活动实际上是追求自我的生命活动，也是生活

① 马克思恩格斯文集：第1卷[M].北京：人民出版社，2009：163.

② 刘济良等.价值观教育[M].北京：教育科学出版社，2007：75.

的具体体现。“生活不是生存。生活是‘有意义’的生命活动。‘有意义’的生活就是人存在的目的，生活不是为了某种存在的结局，生活就是目的。”[①]人活着，衣、食、住、行、用是起码的生存条件，有了衣、食、住、行、用等条件，人就可以存在，生命就可以延续，这些条件构成了生活。对于人类来说，只有追求生命的价值和生活的意义才是存在的意义，才能符合“人”这一称谓。“人类的全部‘生活活动’的指向与价值，在于使世界满足人类自身的需要，把世界变成对人来说是真善美相统一的世界，也就是实现人的自我发展的有‘意义’的世界。”[②]这种指向性，是一种超越自然的活动，体现在人类总是想把现实生活变成理想的现实。

幸福是人们对生活满意程度的一种主观感受，是人们物质需要和精神需要得到满足时体验到的一种美好。“马克思主义人生观认为，幸福的本质应该是物质生活和精神生活的统一、个人幸福和社会幸福的统一。这才是一种实践的、积极的、健康的幸福观。”[③]在日常生活中，大学生们经常把快乐和幸福混为一谈，认为人生获得了快乐就是获得了幸福。快乐可以是幸福的基础，但是幸福绝不等同于快乐。快乐是由某种具体的需要或欲望得到满足所产生的愉悦感，而幸福则是由那种根本性的、总体性的需要得到某种满足所产生的愉悦感。人的所有需要和欲望都能引起快乐，只要它们能得到满足。而事实表明，人的需要和欲望可能是正常的，也可能是不正常的；可能是健康的，也可能是病态的；可能是合适的，也可能是不合适的。幸福则不同，它是以人根本的和总体的需要的满足为基础的。人根本的总体的需要本身必须包含道德、法律方面的要求。也就

① 孙正聿．超越意识[M]．长春：吉林教育出版社，2001：184.

② 孙正聿．哲学修养十五讲[M]．北京：北京大学出版社，2004：178.

③ 王伟光．荡起幸福人生的双桨[M]．北京：人民出版社，2014：123.

是说，对幸福的追求包含着对高尚德性的追求。拥有感恩的心的人离幸福最近，懂得感恩的人所关注的不是如何获得更多，而是知道满足，乐于奉献，用自己的时间精力财富和能力回报社会，奉献越多，内心越丰足充实，这样可以使有限的生命创造出无限的价值，增强生命的存在感、成就感和幸福感。

幸福感是一个人稳定的、持续的幸福的感觉，包括对现实生活的满意度，对自我的生命质量的评价，是对自己生存状态的全面肯定。受消费主义影响及广告和其他媒体的诱导，部分大学生认为幸福就是消费更新更好的商品，消费俨然成为人生命价值的尺度。消费得越多，占有得越多，生命好像就会越有价值，消费量成为人生幸福的重要指数，占有成为生活目的，占有得越多，幸福感好像就越强。其实，这反而是幸福感缺失的表现。幸福感的缺失一方面是由于自身缺乏体验幸福的能力和感知力所导致，另一方面是因为不正确的生存方式和价值取向导致的。如果一味陷入物欲横流之中，是难以体会到生活的多姿多彩的，如果我们能抵制这些诱惑，清楚地思考未来，就能够清晰地认识到追求高消费并不等于获得幸福。买得多、用得多、扔得多并不是幸福的表现。我们“要学习雷锋同志的幸福感。他虽然只活了二十二年，但他说：‘什么是幸福？为人民服务是最大的幸福’”。①

马克思主义幸福观把个人的幸福与整个人类的幸福紧密联系起来，把为绝大多数人谋利益作为人生最大的幸福。幸福乃是人生的重要追求，每一个人都追求幸福，但具体到每个人，其对幸福的定义又各不相同。我们只有树立马克思主义幸福观，知道生命中什么是最重要的，什么是不重要的，才能够把握住人生的根本，对重要的事情能够看得准、抓得住，不重要的看得开、放得下，掌握自己的生命节奏。幸福与金钱和物质充足

① 习近平．之江新语[M]．杭州：浙江人民出版社，2007：7.

与否并无太大的关系，健康和简朴的生活方式是幸福生活之源。我们无法确定生命的长度，但我们能够拓展生命的深度和宽度，能够在追寻自我幸福的同时给社会和他人带来幸福。好好地过每一天，让我们承担起生命的快乐与痛苦，追寻心灵的宁静。人的生命是有限的，大学生们要倍加珍惜我们在人类共同发展事业中的责任意识。

“人生的‘生’就是生存、生活，而生存、生活是一种行动、一种活动，行动、活动意味着不断地突破有限。人如果停滞在现实性中而不思突破其有限性，或者说，安于现实而不思前进，那就是死亡而不是人生：停滞于感性中有限的东西，固然是死亡；停滞于一些固定的概念，那就叫作思想僵化，也是一种死亡。所以人生应是一种不断突破现实的有限性的活动，这种活动就是人们通常所说的希望。”[①]这种不断突破现实的有限性的活动就是追寻一种本真而非沉沦的生活，让后人站在我们生命的终点继续开拓事业，就是实现自我生命的社会价值的一种方式。我们不应仅局限于追求个人幸福，而要树立我们的幸福“将属于千百万人”的思想观念。

第四节　树立崇高理想，成就生命之魂

一、树立崇高理想，提升生命价值

为了使自己的生命活动具有意义，人们总是不断追问“为何生存”和“怎样生存”，也就是在寻找生命的意义和价值，尝试着把人类的“生存”变成人类所向往和追求的“生活”，把人类社会变成人类所憧憬的理想性的现实。

第一，生活的理想应该是为了理想而生活。“人在现实中生

① 张世英.希望哲学[J].学海，2001(3)：5.

活，人又在理想中生活；现实规范着理想，理想引导着现实。对于人来说，只有追求生命的价值与生活的意义才是人的存在；求索生命的价值和人生的意义，这是人精神家园的‘灵魂’。”①人类无法忍受“存在的空虚”，无价值、无意义的生活容易造成人对自身的存在产生一种虚无感。正是这种虚无感和对现实生活的不满足，使人产生要把现实生活变成理想中的生活的追求。理想是方向，是目标，是人们的合理想象，具有号召力和驱动力。“理想的培育、确立和追求，是人的精神生活的最高层次。崇高人生理想的追求和实现，是人的生命的最高自我价值；崇高社会理想的追求和实现，则是人的生命的最高社会价值。”②理想的培育首先在于使人们生活在希望之中，希望是理想的光芒，希望与人的生命同在，没有希望的生活是暗淡无光的，也就谈不上理想的培育、确立和追求。中华民族伟大复兴的中国梦是崇高的社会理想，青年大学生应主动为实现中华民族伟大复兴的中国梦贡献自己的青春力量，创造生命的自我价值和社会价值。

第二，理想信念是人们对美好未来生活的向往和价值追求，以及对长远目标的理性认识和价值判断。理想信念是人们的精神追求，是人类特有的精神生活，是在人们的日常生活中逐步形成并对自己的思维方式产生影响。理想信念在人的生命中占据着重要的位置，是提升生命意义和价值不可缺少的部分，也充分体现了人的生命价值观。不同的人有着不同的理想信念，而不同的理想信念又会给人带来不同的人生。由于个人成长经历与生活环境不同，每个人对生命的体验都会有所不同，每个人的理想信念也都不同。缺乏理想信念的人，自我意识不够明确，缺乏主体意识，未能够意识到自己是作为一个独

① 孙正聿.人的精神家园[M].南京：江苏人民出版社，2014：20.

② 王伟光.人的精神家园[M].北京：人民出版社，2014：112.

立的人而存在的，缺乏人特有的精神生活和精神追求，丧失独立精神，更缺乏对人生价值的反思，整日浑浑噩噩，得过且过，一旦在生活中遇到挫折或者不满，就容易挺而走险，不是伤人就是自残，甚至放弃生命。

第三，生命之魂源于理想信念。人生在世，要有精神支柱，这是人的生命支点，是人的生命之魂。精神支柱正是由各种理想信念构建起来的。人活着要有一种精神支撑力量，一个人如果没有了精神就好像失去了灵魂，生命将变得苍白无力和毫无意义，也就必然会陷入迷茫和空虚之中。我们的生活离不开对各种理想信念的依赖。如果一个人没有理想信念，他的生活就没有方向，就会人云亦云，随波逐流。“一些大学生不同程度地存在政治信仰迷茫、理想信念模糊、价值取向扭曲、诚信意识淡薄、社会责任感缺乏、艰苦奋斗精神淡化、团结协作观念较差、心理素质欠佳等问题。”①理想信念是本，在人的生命中的确占据着重要的地位，决定着人生方向和事业，直接影响着大学生精神生命是否幸福。坚定理想信念有利于培养大学生崇高的精神追求和生命自觉，能在时代的大格局中找准自己的位置，认识到个人生命存在的意义和社会价值。

第四，理想信念是一个国家、民族和政党团结奋斗的精神旗帜，有了这面精神旗帜就有了坚强的凝聚力。邓小平同志曾指出：“我们过去几十年艰苦奋斗，就是靠用坚定的信念把人民团结起来，为人民自己的利益而奋斗。没有这样的信念，就没有凝聚力。没有这样的信念，就没有一切。”②习近平总书记提出“中国梦”，实际上就是倡导加强理想信念教育。他强调，广大青年一定要坚定理想信念。“功崇惟志，业广惟勤。”理想指引

---

① 中共中央国务院发出《关于进一步加强和改进大学生思想政治教育的意见》[N].人民日报，2004-10-15(1).

② 邓小平文选：第3卷[M].北京：人民出版社，1993：190.

人生方向，信念决定事业成败。没有理想信念，就会导致精神上“缺钙”。对于如何使青年坚定理想信念，习近平总书记提出了明确要求，即用科学的理论武装青年，用历史的眼光启示青年，用伟大的目标感召青年，用光明的未来激励青年，并通过榜样的示范作用、规制的引导作用、修身的内省作用促使青年学生将理想信念树于心，感于情，显于行。

二、树立高远的人生志向，追求高尚的生命价值

价值目标不论对于个人还是整个国家或民族，都具有导向意义。持有不同价值观的人会追求不同的价值目标，而价值目标对价值观的树立具有引导作用。树立崇高的价值目标是实现人的生命价值的主观条件。树立正确的价值目标即树立顺应历史发展的方向，适应社会需要的远大志向和高尚的人生理想。“人生的目的，在发展自己的生命，可是也有为发展生命必须牺牲生命的时候。因为平凡的发展，有时不如壮烈的牺牲足以延长生命的音响和光华。绝美的风景，多在奇险的山川。绝壮的音乐，多是悲凉的韵调。高尚的生活，常在壮烈的牺牲中。”①人的一切行为都是有目的的，人有什么样的价值目标，就有什么样的行动方式；价值目标直接决定着人们的思想、行动的方向和成败。

生命的最高价值和意义在于不断超越有限，融入无限，将个人有限生命融入无限的民族生命之中，如此才能使有限的生命获得无限的意义。“当我们只选择在一个有限的区域内去观察我们的行动时，我们个别的失败和不幸就会在头脑中显得严重，但是我们的生命本能地使我们把眼界放宽，它给了我们一

① 李大钊全集：第3卷［M］.石家庄：河北教育出版社，1999：365.

个完美的理想，不断带我们越过目前的界限。"[1]就像我们在观察小孩子学走路的过程中，发现孩子摔倒失败的次数远远多于站起来走几步的次数。如果仅仅在短暂的时间内观察，我们会很揪心。但是孩子不太会考虑失败的痛苦，他在不断地尝试完成似乎很难实现的目标，在不断的失败过程学会找到平衡，而且忘记了摔倒所带来的痛苦，或者说他根本没有体会到那是痛苦。因为他不是在有限时间内感受自己的所做的尝试，他已经超出了这种有限性。"当我们的思想转向无限时，我们就看到了真理。……我们自觉或不自觉地在我们的生命中感觉到真理，它总是比它表现出来的更伟大，因为我们的生命是面向无限的，并且它是在运动中，因此它的愿望比它已达到的成就更加无限。"[2]正如雷锋指出："人的生命是有限的，可是，为人民服务是无限的。我要把我有限的生命，投入到无限的为人民服务之中去。"

人的生命存在既是有限的又是无限的。作为个体存在的生命是有限的，在有限的时间里如何使生命获得充分发展，令无数文人骚客发出感慨。"对酒当歌，人生几何"，"哀吾生之须臾，羡长江之无穷"等均是诗人们对人的生命短暂所发出的无奈的呐喊。"在人类的历史长河中，任何一个生命个体的存在都是短暂的、有限的，而每个生命个体又总是力图以自己的生命活动追求人生的最大意义和最高价值。这是'有意识的生命活动'的'短暂与永恒''有限与无限'的矛盾，也是评价人生的'有意义与无意义'的矛盾。"[3]人就是在生活中发展为人的，人的生命活动需要价值观的指导，正确的价值观能够使个人的生命价值和社会价值高度统一，实现个体生命价值的过程也就是实现

① 泰戈尔.人生的亲征[M].宫静，译.北京：商务印书馆，2007：33.

② 泰戈尔.人生的亲征[M].宫静，译.北京：商务印书馆，2007：33.

③ 孙正聿.人的精神家园[M].南京：江苏人民出版社，2014：54.

社会价值的过程。因此,要运用正确的生命价值理论构建大学生的生命价值信仰,帮助大学生树立正确的生命价值观,进一步促进大学生健康成长,健全大学生人格,提升大学生生命质量,培养他们积极的心态,点燃大学生生命的希望之光。

习近平总书记强调:"青年在成长和奋斗中,会收获成功和喜悦,也会面临困难和压力。要正确对待一时的成败得失,处优而不养尊,受挫而不短志,使顺境逆境都成为人生的财富而不是人生的包袱。广大青年人人都是一块玉,要时常用真善美来雕琢自己,不断培养高洁的操行和纯朴的情感,努力使自己成为高尚的人。"[①]通过对真善美的追求,让大学生明白生命的价值和意义不在于拥有多少票子、房子和车子,而在于对社会、对人类产生多大影响,作出多大贡献。大学生要树立正确的理想信念,肩负起承前启后、继往开来的历史使命,使自己的生命更加精彩绝伦,成为合格的追梦人。

① 中共中央文献研究室.习近平关于青少年和共青团工作论述摘编[M].北京:中央文献出版社,2017:41.

第五章
加强大学生生命价值观教育的主要路径

大学生生命价值观教育应该是开放的、多样的、社会化的，这样才会取得比较理想的效果。加强大学生生命价值观教育的主要路径有：筑牢大学生生命价值观教育的思想引领；加强大学生生命价值观教育的文化熏陶；注重大学生生命价值观教育的实践养成；借鉴发达国家和地区的经验，加强大学生生命价值观教育；探索大学生生命价值观教育的课程建设；建立大学生生命价值观教育的"全过程"协同机制。

第一节　筑牢大学生生命价值观教育的思想引领

一、用马克思主义理论强化大学生时代精神教育

每一个时代都有每个时代的主题和使命。习近平总书记强调，要教育引导学生"正确认识时代责任和历史使命，用中国梦激扬青春梦，为学生点亮理想的灯、照亮前行的路，激励学生自觉把个人的理想追求融入国家和民族的事业中，勇做走在时代前列的奋进者、开拓者；正确认识远大抱负和脚踏实地，珍惜

韶华、脚踏实地，把远大抱负落实到实际行动中，让勤奋学习成为青春飞扬的动力，让增长本领成为青春搏击的能量”。①那么，当下我们处在一个什么样的时代？在这样的时代背景下，大学生需要承担的使命又是什么？

首先，这是一个与时俱进的时代。“与时俱进”一词，源于《周易》的“与时偕行”。《周易》讲“君子进德修业，欲及时也”，“天施地生，其益无方。凡益之道，与时偕行”，“时止则止，时行则行，动静不失其时，其道光明”，“变通者，趣时者也”，“日中则昃，月盈则食。天地盈虚，与时消息”，要求人们“‘终日乾乾’，与时偕行”，要做到“穷则变，变则通，通则久”，“引重致远，以利天下”。《周易》是中华民族传统文化的奠基作品之一，影响巨大而深远，对后来形成的“与时推移”“与世推移”思想产生了积极的作用。

当然，在中国漫长的历史中，也产生和存在过安于现状、不求进取，主张守旧、反对革新的消极思想，诸如宣扬“天不变，道亦不变”，“祖宗之法不可变”，凡事“法先王”“恪守祖训”，后来还有“两个凡是”的主张等。这些消极的东西在一定的程度上阻碍了中华民族的进步，但它们毕竟不是主流，即便得势也只是一时，终会被创新、与时俱进的思想洪流所荡涤。

2013年国家主席习近平在莫斯科国际关系学院发表演讲时告诫我们：“要跟上时代前进步伐，就不能身体已进入21世纪，而脑袋还停留在过去，停留在殖民扩张的旧时代里，停留在冷战思维、零和博弈老框框内。”②时代在发展，社会在前进，紧跟时代步伐才能创造出壮丽的人生诗篇。“前进要奋力，干事要努力。当代中国青年要在感悟时代、紧跟时代中珍惜韶华，自觉按照党和人民的要求锤炼自己、提高自己，做到志存高远、德

① 习近平谈治国理政：第2卷[M].北京：外文出版社，2017：378.

② 习近平谈治国理政[M].北京：外文出版社，2014：273.

才并重、情理兼修、勇于开拓，在火热的青春中放飞人生梦想，在拼搏的青春中成就事业华章。”①

其次，这是一个开拓创新的时代。创新创业作为一种时代潮流，正逐步成为一种生活方式在全社会蔚然成风，因为崇尚创新，国家才有光明前景，社会才有蓬勃活力。“大众创业，万众创新”是时代的号召，是全体人民的共同事业。在激烈的国际竞争中，唯创新者进，唯创新者强，唯创新者胜。”大学生生命价值观教育要培养大学生处事大胆果断、敢于参与竞争、敢于承担风险的精神；培养大学生不唯师、不唯书、不唯学术权威、敢于质疑、乐于质疑、善于质疑的精神；培养大学生喜欢新事物、学习新知识、尝试新方法、接受新事物、探索新路径的精神；培养大学生具有进取性、不满足现状、勇往直前、不实现理想目标绝不罢休的精神。

最后，这是一个依然存在意识形态斗争的时代。“未来一个较长时期内，我们在维护和巩固马克思主义在思想文化和意识形态领域的主导地位以及建设社会主义核心价值体系方面，必将面临愈益艰巨繁重的历史任务。对此，我们有必要自觉坚持和运用马克思主义的理论视角，给予清醒认识。”②作为当代大学生，一定要对我们今天所处的时代有一个清晰的认识，才能顺应时代的发展，认真规划好自己的事业和人生。当代大学生要把握时代特征和主题，要用马克思主义的理论视角正确认知这个时代。习近平总书记指出，“历史是不断向前的，要达到理想的彼岸，就要沿着我们确定的道路不断前进。每一代人有每一代人的长征路，每一代人都要走好自己的长征路。今天，我们这一代人的长征，就是要实现‘两个一百年’奋斗目标、实现

① 习近平致全国青联十二届全委会和全国学联二十六大的贺信[N].人民日报，2015-07-25(1).

② 张西立.清醒认识当前意识形态工作的时代背景[EB/OL].(2015-06-23)[2021-03-22].http://theory.people.com.cn/n/2015/0623/c40531-27192043.html.

中华民族伟大复兴的中国梦。”[①]当代大学生肩负的责任和使命就是实现中华民族伟大复兴的中国梦。

二、用社会主义核心价值观引领大学生的精神追求

价值导向是以其时代性的社会内容、普遍性的社会性质传达社会的价值理想。“价值导向是国家从维护国家、阶级、民族和社会利益出发所倡导的共同的社会价值理想、思想道德、观念体系、行为准则等社会意识形态。”[②]社会的价值导向对个人的价值取向具有导向作用，个人的价值取向总体取决于社会的价值导向。习近平总书记强调：“要切实把社会主义核心价值观贯穿于社会生活方方面面。要通过教育引导、舆论宣传、文化熏陶、实践养成、制度保障等，使社会主义核心价值观内化为人们的精神追求，外化为人们的自觉行动。”[③]这说明社会主义核心价值观具有价值导向功能，个人的价值取向要遵循社会主义核心价值观。通过将核心价值观融入大学生的精神世界，增强大学生对社会主义核心价值观的认同感，从而将其内化为大学生的自觉精神追求。教育大学生践行社会主义核心价值观中“爱国、敬业、诚信、友善”个人层面的道德要求将有利于实现自身的生命价值。

第一，大学生生命价值观教育应坚持通过弘扬爱国主义精神来增强大学生的社会责任感。爱国即热爱祖国，即对自己祖祖辈辈生活的国家和国土的热爱，对祖国各族人民和文化的热爱，这种热爱既体现在思想中，也体现在行为上。爱国主义是一个历史范畴，在社会发展的不同阶段、不同时期都有其不同

① 习近平.在纪念红军长征胜利80周年大会上的讲话[M].北京：人民出版社，2016：10.

② 罗国杰.马克思主义价值观研究[M].北京：人民出版社，2013：122.

③ 习近平谈治国理政[M].北京：外文出版社，2014：164.

的内涵和表现。新时代的爱国主义主要表现为继承发扬中华民族深厚的爱国主义思想，坚持中国特色社会主义道路，为实现中华民族伟大复兴的中国梦而努力奋斗。“历史告诉我们，每个人的前途命运都与国家和民族的前途命运紧密相连。国家好，民族好，大家才会好。”[①]对于当代大学生来说，爱国首先要从身边的小事做起，应从孝老爱亲做起。孝是对生命之源的敬重和生之所续的重视，孝文化在中华民族几千年的文化中占有很重要的地位。百行德为首，百善孝为先。人生在世父母与我们最亲，给我们的恩情也最重。大学生要努力学习侍奉父母的礼节，把孝道当成一项大事业，用心经营，才能立足于天地之间。

第二，敬业是职业道德的基本要求，是一种积极向上的人生态度。敬业的基本要求是爱岗尽职，敬业的崇高境界是奉献社会。敬业是一种生命态度，为个人安身立命奠定基础。事业有成，实现自己的人生目标，展现生命的意义和价值，在很大程度上取决于个人的工作态度、敬业精神。持有积极的人生态度，热爱工作，具有敬业精神，才能激发自己的创造力。只有敬业的人才能获得更多的实践机会。实践机会是创造的先决条件，有了更多的实践机会，就意味着有了更多的创造可能性。创造的过程，也就是实现生命价值和意义的过程。因此，可以说生命的意义在于创造，但如果没有敬业精神，这种创造不能完成，生命意义也就不存在了。

敬业的核心在于尽职尽责，珍惜自己的工作机会，认真对待自己的职业。敬业意味着不能见异思迁，不能在关联度不大的行业之间频繁换工作。要牢记生命需要积累，频繁变动就会使人缺少一种生活积累和沉淀，使生命缺乏厚度。生命需要善始善终，如此，才是尊重生命。敬业是实现生命价值的重要途

① 习近平谈治国理政[M].北京：外文出版社，2014:36.

径，个人的生命是短暂的，整个人类的生命却是永恒的，在岗位上“一心一意谋发展，聚精会神搞建设”，最能够体现生命价值。

第三，诚信是立身之本，是人生命成长的基点。诚信二字，包涵“诚”和“信”两层含义。《周易·乾·文言》中曾引孔子的话：“子曰：君子进德修业。忠信，所以进德也；修辞立其诚，所以居业也。”[①]可见，“诚”的品质就是生命价值的基本，一个人是否诚信决定着他能否成为一个堂堂正正的人。孔子曰：“人而无信，不知其可也。”(《礼记·学记》)一个不诚信的人严格意义上不能称作“人”，也就没有做人的资格。做人必须坚守诚信，无诚不立，无信不行，诚信胜于生命。失去诚信，个人就会失去安身立命之本。当然，在今天建设法治社会进程中，我们既要诚信，又要遵守约定、规则和法律制度。诚信是实现信用交易的前提和保障，是市场经济健康发展的金规则和生命线。缺乏诚信的市场就会出现谁遵守诚信，谁的成本就会增加的情况，于是大家都不讲诚信，就会使市场陷入一种恶性循环的状态。因此，可以说缺乏诚信的市场经济是不充分的、不健康的市场经济。反之，市场主体都遵守诚信，商品生产、流通、消费等成本就会大大降低，市场成本总体上也就会随之降低。所以越是讲诚信，市场主体就越能从制度的规范中得到更多的利益。

诚信是知行合一的过程，是生命内在价值外化的过程。对于当代大学生而言，诚信既是一个人道德修养内在的、必备的品质和情操，同时也表现在个人的外在行为中，是内在品质和外在行为的统一。1998年10月，香港廉政公署执行处要公开选拔一名首席调查主任，竞争很激烈，在经过多层筛选之后有40多人进入笔试环节。笔试试卷中最后一题20分，题目是：请简述唐太宗李世民为了保护环境采取了哪些措施，并详细论述

① 刘大钧.《周易》与中国文化[M].上海：上海科学技术文献出版社，2010：361-362.

其合理性。大多数笔试者洋洋洒洒地写了各式各样的答案，只有一人诚实地在试卷上回答："这道题我不会，实在想不出李世民在环保方面采取了什么措施。"令人意外的是只有这个人在这道题得到分数。原因是本题没有答案，李世民在环保方面根本没有采取任何措施，出题人的目的就是测试答题人的诚信水平。这是对人品格的测试，测试他们是否能够做到"知之为知之，不知为不知"。

第四，友善是对中华民族传统美德的继承和发扬，是为实现中华民族伟大复兴的中国梦凝聚中国力量的重要途径和方法，且在凝聚中国力量方面具有长期性、稳定性和不可替代性。近代启蒙思想家严复在《天演论》中指出："能群者存，不群者灭；善群者存，不善者灭。"，说明了人类生存和发展要依赖于群体，人是社会中的人，作为个体需要交往交流，孤身一人很难在社会上生存。在经济全球化和价值观多样化的时代背景下，如何正确处理复杂多样的社会关系和社会活动是培育当代大学生友善观的关键。

友善不仅是一个理论问题，还是实践问题。人与人之间的友善关系不能仅仅依赖纸上的理论去认识，还要通过人与人之间的交往实践来体现。大学生在实践活动中，要以友善的态度对待自然、对待社会，促进自己与自己，自己与自然，自己与他人的和谐发展。

三、用社会主义核心价值观引导大学生的自觉行动

在人类社会生活中，每个人都有自己的价值观并以此去判断事物和规范自己的行为。习近平总书记在中共中央政治局第十三次集体学习时强调："要按照社会主义核心价值观的基本要求，健全各行各业规章制度，完善市民公约、乡规民约、学

生守则等行为准则，使社会主义核心价值观成为人们日常工作生活的基本遵循。”[①]以社会主义核心价值观为基本遵循就是要把社会主义核心价值观融入大学生的日常生活中，大学生在日常生活中要做到从细微之处着手进行实践，依据核心价值观对现实事物进行评判，通过实践把社会主义核心价值观外化为自己的自觉行动。“一个人活着，首先要考虑到社会价值的实现，只有在实现自身的社会价值的前提下，才能实现人的自我价值。”[②]当代大学生要把个人的需要与国家发展需要结合起来，在实现中华民族伟大复兴的中国梦中贡献自己的青春力量，创造生命的自我价值和社会价值。

要通过生命实践活动把社会主义核心价值观外化为大学生的自觉行动，首先，教师除了要传授知识外，还要担负起育人职责，要关心爱护学生成长成才，为学生树典立范。广大教师要自觉用社会主义核心价值观来引领自身的生命价值观。每一位教师都是践行社会主义核心价值观的主体，要用自身的职业道德去教育学生、爱学生、感化学生。其次，需要大学生进行积极的自我教育。“青年要从现在做起、从自己做起，使社会主义核心价值观成为自己的基本遵循，并身体力行大力将其推广到全社会去。”[③]在培育和践行社会主义核心价值观过程中，充分发挥自己的主观能动性，在接受教师引导的同时，充分发挥自我教育的作用。再次，要把开展培育和践行社会主义核心价值观活动同解决大学生普遍关心的实际问题结合起来，不断提高大学生参与的积极性。以大学生喜闻乐见的形式传递正能量、弘扬主旋律，对践行社会主义核心价值观过程中的先进个人和集体要进行及时表彰，用榜样的力量鼓舞后进生，使学习

① 习近平谈治国理政[M].北京：外文出版社，2014：165.

② 王伟光.人的精神家园[M].北京：人民出版，2014：23.

③ 习近平谈治国理政[M].北京：外文出版社，2014：172.

践行社会主义核心价值观活动更为深入。通过解决大学生实际生活问题，加深大学生对社会主义核心价值观的理解，丰富大学生的精神世界。人的精神世界是一个人的全面发展的重要组成部分。提升大学生的思想境界，有利于大学生将社会主义核心价值观外化为自己的自觉行动。

核心价值观承载着一个民族、一个国家的精神追求，是最持久、最深层的力量。“当前提出的社会主义核心价值观，把涉及国家、社会、公民的价值要求融为一体，既体现了社会主义本质要求，继承了中华优秀传统文化，也吸收了世界文明有益成果，体现了时代精神。”①青年大学生要从现在做起，从自己做起，勤学、修德、明辨、笃实，使社会主义核心价值观成为自己的基本遵循，成为日用而不觉的行为准则，努力在实现中国梦的伟大实践中创造自己的精彩人生。

第二节 加强大学生生命价值观教育的文化熏陶

一、充分发挥中华优秀传统文化的浸润作用

中华优秀传统文化是渗透在每个中国人的骨髓里面的。正如习近平总书记指出：“中华优秀传统文化已经成为中华民族的基因，植根在中国人内心，潜移默化影响着中国人的思想方式和行为方式。”②中华优秀传统文化重视对人的生命价值的研究，并形成了独具中华民族特点的生命哲学思想。在大学生生命价值观教育工作中，引入中华优秀传统文化，有利于减少

① 余福海，张晓芳．践行社会主义核心价值观　传承弘扬中华优秀传统文化——从习近平总书记在北京大学师生座谈会上的重要讲话谈起[J]．思想教育研究，2014(12)：79.

② 习近平谈治国理政[M]．北京：外文出版社，2014：170.

当前部分大学生思想动态中的消极因素，促进社会和谐。

第一，在进行大学生生命价值观教育时要从中华优秀传统文化中汲取养分。中华优秀传统文化是中华民族的生命之根，是中华民族生生不息的强大动力和精神支柱。习近平总书记指出："博大精深的中华优秀传统文化是我们在世界文化激荡中站稳脚跟的根基。中华文化源远流长，积淀着中华民族最深层的精神追求，代表着中华民族独特的精神标识，为中华民族生生不息、发展壮大提供了丰厚滋养。"①中国传统文化中天人合一的宇宙观、革故鼎新的发展观、自强不息的人生观、知行合一的实践观、社会和谐的理想观，凝聚了中华民族对世界和生命的认知和感受，积淀了中华民族的精神追求和行为准则，形成了中国文化的恢宏气派和独特风格，是文化传承创新的重要源泉。

第二，培养大学生阅读学习中华优秀传统文化的习惯。阅读过程也是一个学习创造的过程，学习中华优秀传统文化知识能激发生命的潜能，使阅读者认识到生命的存在本身就是一种价值。有了这样的想法，我们对生命的理解才能深刻、和谐。学习中华优秀传统文化知识有利于滋养大学生的家国情怀，提升大学生的责任感和使命感。苏联教育学家苏霍姆林斯基说："读书特别是课外阅读，不仅使所学知识更深刻，更扎实，更牢固，也使学生的学习更容易，并给学生带来智力上的愉快，阅读成为发展学生智力的重要手段。"2016年全国两会上，李克强总理在回答为什么连续两年的政府报告都提出"全面阅读"的问题时，他说："我希望全民阅读能够形成一种氛围，无处不在。"这说明阅读对于我们获得知识是十分重要的。

第三，讲好中国故事，阐发中国精神，让优秀传统美德贯穿于我们日常生活和言谈举止中。比如，孝道教育使大学生懂得

---

① 习近平谈治国理政[M].北京：外文出版社，2014：164.

人间自有真情在，人只有拥有仁爱思想，才能去爱家庭、社会和国家。如，《弟子规》曰："身有伤，贻亲忧。"也就是说，个体生命并不能自私地认为生命只属于自己，自己想怎么处置就怎么处置。个体生命不是私有的，还属于父母、民族和国家。"弟子入则孝，出则悌，谨而信，泛爱众，而亲仁。行有余力，则以学文。"（《论语》）孝永远是排在第一位的，一个人如果连父母都不孝顺、不敬爱，何谈爱他人，爱社会，爱祖国。大学生还要关心爱护社会特殊群体，为需要帮助的人奉献力所能及的力量。中华优秀传统文化是实现中华民族伟大复兴的中国梦中取之不尽、用之不竭的宝贵的精神资源。习近平总书记指出："大力弘扬中华民族优秀传统文化，大力加强党风政风、社风家风建设，特别是要让中华民族文化基因在广大青少年心中生根发芽。"[1]需要我们注意的是，不能仅仅把那些文本的东西以及中华武术、书法、美食、传统服装、民俗等同于中华优秀传统文化的全部。中华优秀传统文化还应该包含中国人特有的生命智慧，以及更为隐性的民间活态文化。应通过讲好中国故事，提升民族自信、文化自信、价值观自信和生命自觉。

二、建设凸显人文精神的校园文化环境

文化是社会发展的精神支柱，在引导生命价值观上发挥着不可替代的重要作用。引导大学生树立正确的生命价值观要着力发展社会主义先进文化，营造凸显人文精神的校园文化环境，提供优质的文化产品，发挥环境对人的塑造功能。校园文化是大学精神的载体，大学精神必须要有浓厚的校园文化作支撑。没有校园文化，大学精神将是无源之水，无根之木。

第一，建设凸显生命气息的校园物质环境。大学物质文化是大学文化的重要组成部分，大学物质文化建设对大学生的价

① 习近平．人民有信仰民族有希望国家有力量[J].党建，2015(4)：1.

值追求、情感陶冶和身心康健起着潜移默化的作用，因此对大学内涵式发展也具有重要作用。在大学物质文化中，校园环境对天天生活于其中的大学生具有潜移默化的作用，能够启迪学生的智慧、陶冶情操。因此，大学需要系统规划校园环境文化建设，一方面对于物质建筑可以通过标牌等方式注明其文化底蕴，另一方面可以充分利用校园的空间，设计具有文化内涵、凸显本校特色的文化长廊、文化园地等，通过这些设计凸显文化意蕴，增强大学的文化氛围。

第二，加强大学“人文精神”建设。“所谓人文精神，是指对人的生命存在和人的尊严、价值、意义的理解和把握，以及对价值理想和终极理想的执着追求的总和。”[①]人文精神的核心是以人为本，注重人格培养和价值追求，树立育人理念。加强大学生生命价值观教育要关注学生的人文精神和科学素养的均衡发展，关注学生的自我发展与完善。改变学校异化为求职训练基地的现象，在注重专业知识教育的同时重视人文素养教育，实现人性化的管理，提高服务意识，在传授知识过程中，加强人文关怀。“学校的各项管理制度和校风校纪建设都要坚持正确的价值导向，融入道德教化，让真善美得到鼓励和表彰，使假恶丑受到制约和惩处，引导广大青少年学生既丰富知识、提升能力，又修好公德、私德。”[②]要以浓烈的人文关怀精神，真正支起引领时代风尚、塑造社会品格、探寻生命真谛的旗帜。

第三，建构体现审美思想的校园文化体系。校园文化，包括校园物质文化和精神文化两个方面。校园物质文化要寓情于物、寓情于景，校园精神文化要高雅、唯美，让学生生活其中体味生命之美。校园物质文化中的景观美、校园精神文化中的

---

① 张金福.大学人文教育与科学教育结合研究[M].杭州：浙江大学出版社，2006：265.

② 朱步楼.在立德树人中回归教育本真[N].人民日报，2014-12-26(7).

特色美，可以使得置身其中的学生产生一种美的体验，让学生置身于优美境界的同时，陶冶情操，从而培养出高尚的审美感。大力推进校园文化体系建构，不断改善校园环境建设，使校园环境变得更加优美整洁，生命文化氛围更加浓厚。进一步优化校园文化的综合生态环境，使校园处处体现生命关怀的韵味，使学生充分感受到人文精神、大学精神的熏陶和感染。当大学生融入这样的学习环境之中，在学习的过程中就能够产生或感受到一种有意义的学习体验，感受到健康向上的校园文化氛围，有利于激发自己的想象力和创造力，形成积极的人生态度。

三、营造良好的家庭教育环境

家庭是人生的第一所学校，家长是孩子的第一任老师。家庭教育涉及很多方面，但最重要的是品德教育，即如何做人的教育。家庭教育是生命价值观教育的开始，在生命价值观教育中扮演着重要角色。家风是社会风气的重要组成部分，是人们精神的重要载体，是家庭精神文化的核心展示，在潜移默化中影响着家庭成员的价值观，具有教化人心、稳定社会和国家的功能。家庭成员从家风中寻找精神归属，家庭文化凭借家风得以延续。

第一，发挥家风在家庭成员精神归属方面的载体功能。家风作为精神归属，实质上就是对亲人、亲情的认同和理解。做父母的能体会到子女的真切情感，子女也会体会到父母的真切情感。个体生命对社会价值的追求建立在社会实践之上，既注重物质追求，同时也注重精神和理想信念的追求。真正的家庭教育不是家庭学习，尤其不是学校课堂教学的重复，而是家庭文化的浸润，是世代继替中家风的传承，是营造家庭的精神环境。父母应注重给予孩子精神关怀，引导他们树立正确的生命价值观。家庭教育的关键在于提升父母的精神境界。父母的精神生活是丰富的，积极向上的，孩子的心态一般就是阳光的，父母如果在日常生活中表现出消极、懈怠等消极心理和行为特征，就会潜移默化的影响孩子的心理。因此，要发挥家风在家庭成员精神归属方面的重要载体功能，引导子女求真、向善、审美，以促成子女和谐人格的形成。

第二，营造轻松畅通的情感交流氛围，使孩子树立正确的生命价值观。人的生命价值观的形成不是一蹴而就的，而是要经过一个不断积累沉淀的过程。当媒体报道学生弑母或伤害老师、同学的极端案例的时候，总让人们深深反思当前的教育，思考当前这类社会问题到底出在哪里。“目前许多家庭缺少交流的时间和空间，孩子的心理活动长期缺少倾诉的畅通渠道，导致孩子原有的认识结构和情感依附发生变化，与父母产生隔阂。”①在现在科技信息发达的时代，手机成为人们不可缺少的工具，手机方便了我们的生活，但是人们在一起交流的时间越来越少，这严重影响人与人之间的交流，特别是父母与孩子之间的交流，导致部分儿童在语言发育关键期缺乏语言刺激，语言表达能力下降，甚至形成自闭症。在这种情况下，“那种诚挚的心情欢畅，那种甜美的心意相通，那种推心置腹的坦然自在，那种在长期亲密相处的人们的对话交往中自然会有的亲情交融的幸福，他们却很少能够充分享受到。”②为避免这种隔阂产生，首先，父母应努力营造一种能够与孩子情感沟通交流的氛围，关注孩子的内心世界及其心理成长。父母要学会做一名倾听者，用心聆听孩子的倾诉，使孩子的情感有释放的渠道和空间，即使一时未能给予孩子明确的指导也没有关系，倾听就是一种关怀，一种教育，一种引导，足以让孩子体会到父母的爱。有研究表明，79%的青少年喜欢和父母一起共进晚餐；超过六成的孩子说，跟父母在一起吃晚餐，一家人坐下来说说话

① 王晓虹.生命教育论纲[M].北京:知识产权出版社,2009:164.

② 亚当·斯密.道德情操论[M].谢宗林,译.北京:中央编译出版社,2008:278.

比吃什么还重要。很多的研究都表明,全家人一起吃晚餐,有助于孩子获得较高的营养,较高的学业成绩,较不会抽烟、喝酒、吸毒、打架、提早性行为。[1]家长可以利用好晚餐时间与孩子进行情感交流,这有利于稳固家庭关系,有利于使孩子树立正确的生命价值观。

第三,要关注孩子生命的成长胜过关注孩子的成绩。家庭是孩子学习和成长的第一站,也是最重要的一站,家庭教育对孩子生命价值观的形成起到决定性作用。"家长要时时处处给孩子做榜样,用正确行动、正确思想、正确方法教育引导孩子。要善于从点滴小事中教会孩子欣赏真善美、远离假丑恶。要注意观察孩子的思想动态和行为变化,随时做好教育引导工作。"[2]家庭教育最重要的是要信任孩子,让孩子建立自信心,具有合作精神。具有合作能力的孩子长大后适应社会的能力更强,更具有创新思维能力。然而,相当部分的父母都有一个共同的思维模式,那就是习惯以理性思维来教育孩子,努力使自己的孩子尽快变得理性起来。然而,"童年时代有它自己独特的看待事物、思考事物、感受事物的方法:再没有比用我们的方法来替代他们的更愚蠢了。"[3]因此,父母应该体会到孩子生命所具有的独特性,每一个孩子都在时间和空间中独立存在,并且是不可替代的存在者,关注孩子生命的成长要胜过关注孩子的成绩,当孩子出现无助感时要给予精神关怀。

家长要学会心理换位,克服"自我中心"思想,要站在孩子的角度去感受、认识和处理问题。

第三节　注重大学生生命价值观教育的

① 张文质.我们是怎样做生命化教育研究的[M].福州:福建教育出版社,2009:107.

② 习近平谈治国理政[M].北京:外文出版社,2014:184.

③ 卢梭.爱弥儿:精选本[M].彭正梅,译.上海:上海人民出版社,2014:213.

实践养成

一、通过志愿活动服务人民，奉献社会

中华民族历来就有扶贫帮困、助人为乐的传统美德。志愿服务继承了中华民族的传统美德，体现了社会主义市场经济条件下的道德建设要求，深化了学雷锋活动的内容和方式，也满足了不同阶层人们关爱他人、服务社会、展示特长的愿望，对于彰显和倡导社会主流价值观起到了巨大的推动作用。"近年来，志愿者越来越活跃于应急救灾、扶贫助困、环境保护和大型社会活动等场合，志愿服务活动已经融为社会主义核心价值体系建设和和谐社会建设的一部分。"①志愿者已经成为大型社会活动和抢险救灾活动中一道靓丽的风景线，志愿服务已经融入我们日常生活中。

第一，志愿精神是个人对生命、对社会、对人生的一种积极态度。志愿精神的核心是"奉献、友爱、互助、进步"。"志愿精神是一种利他主义和慈善主义的精神，是生命世界的人依其自由意志与人道主义信仰、本着扶持他人改善社会的责任感，积极通过援助、慈善、惠生等方式来无私服务社会，促进他者生命更好生存的一种重要方式，体现着利他的社会理念。"②这种利他主义是一种大公无私、舍己为人、不求回报、为他人牺牲自己利益乃至生命的崇高精神。这种精神是任何社会都不可或缺的道德情操和社会风范。我们要树立互惠利他的社会风尚，建立一种"我为人人，人人为我"的和谐社会氛围，通过宣传教育使志愿服务转化为大学生长期坚持的自觉行为。大学生志愿行

① 福建社会科学院课题组.社会志愿服务的实践与探索:以福建为例[J].福建论坛·人文社会科学版,2009(7):142.

② 张洪彬,张澍军.生命实践的视界:作为一种德性形式的志愿精神[J].思想教育研究,2011(3):25.

动应该是一种自觉、自愿的行为，志愿精神应该是个人对生命、对社会、对人生的一种积极态度。这种积极态度反过来会促进大学生的志愿行动，有利于大学生实现自我价值并在服务社会和服务他人的过程中获得他人的认可。提高大学生志愿服务的实践能力，也有利于大学生形成正确的生命价值观。

第二，大学生积极参与志愿服务等社会实践活动，不仅可以提高个人实践能力，同时也可以提高大学生的社会认知能力和服务社会能力。学校应当积极鼓励学生参加志愿者活动，让学生体验生活百态，锻炼学生的体魄和意志，提高青年学子的抗打击能力和心理承受能力及面对困难百折不挠的意志力。大学生用行动来帮助别人体现了自我价值，可以获得满足感和成就感，也可以获得自我认知、自我反省、自我激励和自我提升的机会，有利于他们在实践中受教育、长才干、作贡献，从而实现自身的全面发展。大学生志愿服务不仅带来了巨大的精神价值，而且大学生还能通过自己的服务创造巨大的劳动价值和社会价值。在为人民服务的奉献过程中，赢得他人和社会的尊重，实现个人价值和社会价值的统一。人的活动离不开社会，生命价值是自我价值与社会价值的统一，生命的意义和价值是由个体对社会所作贡献的大小来衡量的。

第三，大学生自觉践行“奉献、友爱、互助、进步”的志愿服务精神，可以获得自我存在感、成就感和被需要感。这种自主体验是在平等交流基础上的体验，是学生对自身、他人、社会以及生命状态的反思与追问，使学生形成符合社会发展要求的生命价值观。体验是人的生存方式，也是人追求生命价值和意义的方式。儒家思想中关于体验的理解可以解释为“慎独”和“内省”。大学生如何表现自己的生命价值，也体现在他们的生存方式和生活方式上，这种生命价值表现形式既取决于自己的能力，也取决于自己的生命体验。作为个体的人，只有在体验和实践活动中学习生存的本领、生活的经验，才能成为社会的人。“我们的不同的感官可以给我们提供在质上绝对不同的印象。因此，我们靠视觉、听觉、嗅觉、味觉和触觉而体验到的属性会是绝对不同的。”[①]

2020年，面对突如其来的新冠肺炎疫情，广大青年响应号召，同心战“疫”。年轻的“90后”迎难而上、挺身而出，在疫情防控斗争中舍生忘死，负重前行，用稚嫩的肩膀担负起用生命守护生命的时代责任。对于“90后”青年来说，能够同心战“疫”，无疑是一次弥足珍贵的人生经历。正如一位大学生志愿者感慨的那样：“抗击疫情是我们最好的成长礼。”也正如有人为他们点赞的那样：“昨天父母眼中的孩子，今天已然成为新时代共和国的脊梁，成为我们国家的骄傲和希望！”

在志愿服务中通过奉献体验到成就感，体验到成长的快乐，在奉献过程中彰显生命价值。

二、个体通过自省自励感悟生命价值

自我反省对于我们的生存至关重要，人只有经常不断地对自己的人生进行反思，才能追寻到自己生命的价值和意义，才能真正明确生命价值所在。没有自我反思教育就没有真正的教育，只有能够激发学生去进行自我教育的教育，才是真正的教育。缺少反思体验，缺少实践环节，就达不到预期的教育效果，达不到预期的教育目的。苏格拉底的名言“未经反省的人生不值得过”可以成为每一个学生用来提醒和检讨自己的格言。大学是反省人生的开始，思考人生的起步。反省人生是发现自己，认识世界的过程。一个真正追求自我成长的人才能做到“苟日新，日日新，又日新”。人生既有对未来发展的梦想，更有对生命价值和意义的探索。能够了解别人是智慧，能够认识

① 马克思恩格斯文集：第9卷[M].北京：人民出版社，2009：497.

自己才是真正聪明，但唯有认识自我、了解自我、吸纳自我、反思自我、发展自我，这才是真正的活出自己。每个人都有自己独特的使命，这个使命是他人无法替代的，每个人都是独一无二的，生命也不可能重来。

善于自我反省的人能够负责地、及时地化解心中的怨恨，以积极的心态和昂扬的斗志去迎接生活的挑战和生命成长所要承受的压力。在这个复杂多变的世界里，要具备克制脾气，自我省醒的能力。一个具有自我克制能力的人内心是平和的人，是懂得自省之人。“怒路症”就是一种内心不和谐，极度缺乏自我克制、自我约束的典型表现。一个懂得经常自我反思、省醒的人首先会控制好自己的情绪，能够控制好情绪的人才能对自我人生有所把控。俗话说，“冲动是魔鬼”，因冲动而引发人间悲剧的例子比比皆是。有一则很值得人们去思考人生、人性、生命的新闻，具体内容是这样的：两个拾荒的人，为了争抢一个矿泉水瓶大打出手，结果其中一人为了这个矿泉水瓶付出了生命。看过这个新闻，人们第一感觉估计是这两个人怎么那么傻，为了一个瓶子，值得吗？生命若在，身体就在，这两个人应该能够捡到无数个矿泉水瓶，为什么非要偏执那一个矿泉水瓶呢？退一步海阔天空的道理大家应该都会懂的，为什么事到临头都忘记了呢？然而，当我们仔细分析后，就会发现事情的根本问题不在于这个矿泉水瓶子，应该是两颗千疮百孔的心已经被怨恨所支配。他们两人在日常生活中，为了生存已经饱受人世间的苦楚和无奈，心中的郁闷和负能量已经堆积到爆发的临界点。这个矿泉水瓶子就像压死骆驼的那根稻草，只是一个引爆内心戾气的导火索而已。新闻媒体曾报道了一名优秀医生和一名优秀中学生因为一起简单的交通摩擦起争执，最后医生向中学生捅了两刀，导致学生不治身亡。由此引发网络热议：现在社会怎么了？怎么那么多人不耐烦，那么多急不可待，为什么不能心平气和一点？当然矛盾爆发的原因有很多种，但其中最重要的原因就是这两位当事人没有坚持住生命素养的底线，没有提高自我反思的能力。只有经常自我反思，通过反思排解心中的戾气，在遭遇突发事件时才能从容应对。

通过反思寻找自己心中坚定不移的目标，寻找自己的生命价值。“一个民族、一个国家，必须知道自己是谁，是从哪里来的，要到哪里去，想明白了、想对了，就要坚定不移朝着目标前进。”①同理，我们作为人也必须要知道自己是谁，知道做什么事情是对的、是好的，我们是从哪里来的，要到哪里去，知道做什么事情能够让自己发自内心地感到喜悦和自我肯定。生命的价值在于反思自己的生活，是基于对生命过程的反思，思考这种生活是否具有生命的向度，从占有到生存、生活方式转变，从而培养创新精神，建立清晰和谐的人生目标，主动融入社会实践活动中。

生命的自我价值和社会价值是辩证统一的，一方面，人的生存和发展的必要条件是实现生命的自我价值，自我生命价值的实现是个人为社会创造更大的价值的先决条件；另一方面，生命的社会价值是自我价值的存在基础，没有社会价值，自我价值不存在。这不仅意味着个人的物质和精神需求必须遵守社会秩序，也意味着以什么方式和在多大程度上得到满足也是由社会决定的。人们在这个过程中认识到生命的价值和存在的价值，人们不同的价值选择，必然成就不同的人生。

三、在社会实践养成中创造生命价值

在大学生生命价值观教育过程中加强理论育人时，更要重视实践的养成。实践活动是人类安身立命之本，是人类有意识、有目的、能动地改造世界的客观物质活动，它自身具有深刻

① 习近平谈治国理政[M].北京：外文出版社，2014：171.

的内在矛盾性，蕴含着理想性和现实性的矛盾。“社会生活在本质上是实践的。凡是把理论诱入神秘主义的神秘东西，都能在人的实践中以及对这种实践的理解中得到合理的解决。”[①]人正是通过社会实践建立了社会关系，并在实践活动中不断发挥自己的聪明才智，通过自己创造性的劳动实践去满足社会和他人的需要，实现自己的社会责任。实践是人类自觉地改造世界的活动，改造世界的过程也是自我改造的过程。通过实践活动人类改造了自然界和自身，认识到自身的本质，在实践活动中凸显生命意义，获得真切的体验和感受。实践是一种思维方式，只有把实践观点作为思维方式，人们才能够运用这种思维方式去观察和对待各种理论和实践问题。作为个体的人，只有在体验和实践活动中学习生存的本领、生活的经验，才能成为社会的人。

第一，实践活动实际上是人类主体的创造性活动与自然条件相结合后的活动。实践活动破解了主客体二分和片面性的难题，使主客体实现了统一。世界在本质上就是人的实践活动，人与外界客体在世界中是以实践的方式结合在一起的。人类的社会历史既不是精神发展的历史，也不是事物客体的机械运动的历史，但它也不是对人类的精神、价值以及客观对象的抛弃，它是以人的实践的方式把上述主体与客体两方面的因素统一在一起的过程。人的实践活动是一个逐步展开和不断完善的层级结构。正是在表现为相互依赖的社会实践中，社会才得以存在和发展，个人才获得生存的根基和生命的意义。

第二，人的生命本身是一个创造性的存在，人的生命价值是一个不断创造实现的过程。“人所特有的创造能力，本属于个人生命活动的本质，也必须通过个人生命活动去实现。个人，才是社会的创造性因素。人类文化的发展、工业技术的进步，

① 马克思恩格斯文集：第1卷[M].北京：人民出版社，2009：505-506.

乃至科学理论和文学艺术的创造，无一不是个体创造性活动的结果。"[①]可以说，无论何种社会形态发展都依赖于人类的主动性和创造性。人所特有的创造能力，是人类生命活动的本质特征。"人是不会满足于生命支配的本能生活的，总要利用这种自然的生命去创造生活的价值和意义。人之为'人'的本质，应该说就是一种意义性存在、价值性实体。人的生存和生活如果失去意义的引导、成为'无意义的存在'，那就与动物的生存没有两样，这是人们不堪忍受的。"[②]人是价值的存在，价值是人存在的基础和依据。人类所需所求不能像动物那样依赖自然的恩赐，而要靠自己创造性的实践活动来获取。通过实践活动，人类改造了自然界和自身，在实践活动中发展自己，完善自身，实现自己的各种需要，凸显生命的意义。

第三，社会实践活动创造人的生命价值。人的生命价值就在于创造，人通过创造活动去把握客观世界，不停地在实践中创造生命价值。"永恒超越和不竭创造是人应具的精神境界。"[③]马克思主义强调劳动创造在生命中的意义，认为劳动创造是人的本质特征。劳动、创造和贡献，就是生命价值的基本标志。人的社会价值主要表现在通过劳动、创造对他人和社会作出贡献。劳动是人存在和发展的基础，也是人最基本的实践活动方式。只有在劳动实践创造的过程中，才能生产出人类各种所需所求，才能发展自身的本质力量，才能为社会创造价值，才能实现和提高生命存在的真正价值和意义。人们要树立开拓进取的创新创业意识，艰苦奋斗、自强不息的意志品质，将有限的生命、有限的人生与有意义和价值的理想目标紧密联系，并为之

---

① 高清海.找回失去"哲学自我"[M].北京：北京师范大学出版社，2004：185.

② 高清海.人就是"人"[M].沈阳：辽宁人民出版社，2001：213.

③ 高清海，胡海波，贺来.人的"类生命"与"类哲学"：走向未来的当代哲学精神[M].长春：吉林人民出版社，1998：85.

努力劳动创造。生命实践活动作为人的自由自觉的活动，是在改造世界的现存状况中为了自我实现，使世界不断朝向符合人的价值理想的方向发展的活动。当代大学生要意识到自己应该能够通过意志支配自己的生命活动，把握自己的命运，为自己的行为负责。

习近平总书记指出："有理想、有梦想、有奋斗、有奉献的人生，才是有意义的人生。当代青年建功立业的舞台空前广阔、梦想成真的前景空前光明，希望大家努力在实现中国梦的伟大实践中创造自己的精彩人生。"①大力弘扬首创精神，鄙视投机取巧和利用不正当手段获得利益的行为。"尊重群众的首创精神"是我们党推进改革发展的重要依据和发展动力。创造性应该获得社会的极大推崇和认可，让诚实劳动获得应该获得的尊重和利益。只有不断地创新、面向未来，突破陈规，不因循守旧，实事求是，脚踏实地的开拓进取，才能适应新时期新常态。人的生命是有限的，正是这种有限性迫使我们珍惜生命，并思考如何在有限的生命中创造无限的生命价值。当代大学生是国家的栋梁，民族的希望，因此，在实际行动上，要强化奉献精神在为人民服务的伟大实践中创造自己的生命价值。

第四节　借鉴发达国家的经验，加强大学生生命价值观教育

一、政府重视并推动生命价值观教育的发展

科技发展、社会进步、经济繁荣使人们的生活更加快捷和便利，但同时也造成人们对生命价值与生活意义产生迷茫。面对造成社会不安定、不和谐的暴力事件层出不穷的现实情况，

① 习近平谈治国理政[M].北京：外文出版社，2014：175-176.

发达国家和地区的政府与民间机构从20世纪中叶开始积极推动生命教育活动。政府主导推动制定相关法律法规,民间团体积极响应。整体上来说,对生命教育、死亡教育的研究,国外起步早于国内,形成的学科和分类也多于国内,政府和社会的重视程度也高于国内。我国生命教育、生命价值观教育作为独立的学科研究起步比较晚,因此,发达国家和地区的经验和做法对加强我国大学生生命价值观教育研究具有一定的借鉴意义。

"1988年,英国政府出台了《教育改革法案》(Education Reform Act),规定要为学生提供广博、均衡的课程,以达成实现促进学生灵性、道德、社会及文化发展的教育目标,并为学生进入未来成人生活做好经验、责任和机会准备。1990年,英国政府把对经济和工业的认识、健康教育、公民教育、环境教育、生涯教育等学科规定为跨领域国家课程,这些课程的开设意味着包括生命健康教育、生存环境教育等内容的生命教育开始受到英国政府的重视。1997年,英国国会通过文凭与课程局(Qualifications and Curriculum Authority, QCA)的设置,增订公民教育与个人、社会与健康教育为新课程。"[①]"1993年,英国教育标准局发布了关于精神和道德发展的讨论文件,其对学校目标的规定是,学校应该教育学生讲真话、信守诺言、尊重他人的生命、体贴他人、帮助比我们不幸和柔弱的生命个体;学校应该反对虐待他人生命以及欺骗、残忍、不负责和不诚实的价值观。"[②]

综上可见,发达国家的生命教育是由行政部门主导推动制定相关法律法规,而后受到民间团体积极响应。在开展生命教育的过程中,也加强了生命价值和意义方面的教育和引导。生命价值观教育在我国学校教育中还属于新生事物,我们在开展大学生生命价值观教育和研究的过程中,离不开政府的支持与

① 王定功.英国青少年生命教育探析及启示[J].中国教育学刊,2013(9):75.
② 王定功.英国青少年生命教育探析及启示[J].中国教育学刊,2013(9):75.

引导，离不开教育主管部门制定的相应制度和法规。一是要从本国的实际情况出发，不能够照搬照抄。目前，我国《国家中长期教育改革和发展规划纲要（2010—2020年）》第一部分“总体战略”的第二章“战略目标和战略主题”明确指出“重视安全教育、生命教育、国防教育、可持续发展教育。促进德育、智育、体育、美育有机融合，提高学生综合素质，使学生成为德智体美全面发展的社会主义建设者和接班人。”生命价值观教育是生命教育与价值观教育的交叉结合的部分，政府既要重视生命教育，也要重视生命价值观教育。二是要加强对生命价值观教育的行政指导。利用法律等行政手段推动大学生生命价值观教育的研究和发展，使我国的生命价值观教育步入法制化轨道，使社会和各级学校开展生命价值观教育有章可循。三是政府应当增加对大学生生命价值观教育的经费投入。在经费上保障生命价值观教育的课程研发、课程资源的积累、师资队伍建设、创建实践基地等。四是政府应该推动设立生命价值观教育的国家课程体系标准，要求高校将生命价值观教育纳入课程建设的范畴之中，作为人才培养方案的具体要求，强化监督和考核，督促高校认真贯彻执行。

二、认识建立“家校社”一体沟通平台的重要性

英美国家的生命教育得到了社会各界的支持。生命教育的开展并不仅仅被视为学校的责任，家庭和社会都积极参与生命教育，形成多元化参与合作的生命教育体系。“英国许多家庭积极与学校配合，形成一个相互影响、不断协调、目标一致的综合教育网络，使学校的生命教育达到最佳效果。英国社区配合学校开展生命教育的最有效形式是成立‘教育行动区’。如果被判定为薄弱学校，它们将得到社区和优质学校的持续帮助，

使需要帮助的学生在心理、身体、智力、情感、精神、道德和文化等各方面得到发展。英国青少年生命教育的民间机构和组织遍布各地，它们开展的活动增强了青少年对生命的体验，使其认识到生命的意义，激励他们为实现生命的价值而努力，同时也向他人宣传珍爱生命、实现生命价值的意义。”①

由此可见，发达国家的生命教育一般都是由民间组织首先发起，逐渐获得政府支持和推动，最后形成政府推动与民间组织积极响应相结合的模式。21世纪以来，我国民间组织在生命教育方面积极作为。譬如，2006年7月初，中国宋庆龄基金会、苏州市教育局联合在苏州主办了首期“中华青少年生命教育教师高级研修班”，大陆及台湾地区知名的生命教育专家前去授课，部分高校的教师接受了培训。生命教育的开展，不是某一方面的努力就可完成的，而是需要社会、学校、家庭、学生自身四方面相互配合，形成生命价值观教育合力才能完成的。在我国随着教育形势的发展，政府陆续出台了一系列的法律、法规和政策，强调了家校合作教育的重要性，为具体的理论研究和实践指明了方向。有的高校已经成立了家长委员会，并且取得了一定成效，通过各类沟通平台使家校联系更加紧密，形成共育机制，使家长能够及时全面地了解到孩子在校的成长情况。

高校要在马克思主义经典作家关于人的全面发展思想指导下开展生命价值观教育，从而为高校推进大学生生命价值观教育提供思想指导。同时，家庭教育不可替代，许多人产生心理疾病，都是因为在成长过程中缺乏父母的爱，或者得到的是畸形的爱。孩子通过模仿父母或身边接触的人们而逐渐明白事理，明白事理的过程即是价值观从不自觉到自觉的形成过程。家长要意识到自己的孩子已经长大成人，不再是在自己庇护下的那个婴儿，他们已经具有独立意识，是一个独立的人，自

① 王定功.英国青少年生命教育探析及启示[J].中国教育学刊,2013(9):76.

已不能再包办孩子的一切，必须要让孩子独自面对和承担自己未来所经历的一切。

据世界卫生组织统计，抑郁症已成为世界第四大疾患。抑郁症患者自杀率比较高，他们一般都具有痛苦的内心体验，是比较消极的人群。在高校容易发生抑郁的学生往往是我们在教育教学工作中不经常接触到的学生，教师对他们的情况了解相对较少。原因一方面是目前高校规模比较大，一所学校几个校区是个普遍现象，专业课老师要在校区间切换给学生授课，还要承担一定的科研任务，缺乏跟学生的沟通交流，对同学们的身心健康缺乏关注；另一方面是高校辅导员需要处理的日常事务繁琐，很难关注到学生的心理动态，再加上抑郁症患者在人际交往方面缺乏可以倾诉的朋友，也不会主动向他人求助，因此，有抑郁倾向的学生很难被了解和接触。

2010年3月30日晚，四川大学大二学生曾世杰用事先准备的尖刀在四川大学江安校区刺杀陌生人，致一名女生死亡，两名男生受伤，曾世杰被当场抓获。案发后，学校打电话通知其父亲到校处理，其父亲表示从来不知道曾世杰在学校的情况，特别是上大学之后更加不知道孩子在校的表现。“任何一个生命自从开始孕育就是在父母的精心呵护下才能顺利出生成长，此后生命的健康顺利成长更是需要包括亲人、朋友、师长出自爱心的呵护、关怀、帮助。对于其他生命的关怀爱护是人的本性，相互关爱本来就是人类这个生命群体一直存在、发展的重要动因。无论是家人，还是同学、老师，如果他们能够及时发现问题，真正细致地从情感上关心帮助曾世杰，这样的悲剧也许是可以避免的”。①

类似曾世杰家长不知道孩子在学校的情况和表现如何的父母大有人在。这些家长认为孩子已经成人了，不用像中小学

---

① 郑晓江．生命忧思录［M］．福州：福建教育出版社，2012：27.

时那样经常与老师班主任沟通了,甚至部分家长都不知道大学里有辅导员制度,不知道辅导员的职责是什么。对自己的孩子缺乏必要的关注与了解,认为自己的孩子是绝对健康的。因此,为避免类似悲剧再发生,学校应主动及时地与学生家长沟通交流,介绍学生的在校表现情况,特别是身心健康方面的情况,遇到问题请家长协助对学生进行教育和疏导。为便于家校、师生互动沟通,学校可以开通"微信公众号",建设"微官网",构建一个交流、分享的网络空间,实现家校协同合作的互动交流。家长可以通过"微官网"了解学校的动态,向学校提出建议。

社会环境和文化因素影响大学生的情感需求,学生所在的群体对其自身生命价值观的形成起着难以替代的作用。"青少年时期,学校取代家庭成为他们的首要生活场所,而家庭退居成了'旅馆',青少年的大部分时间是在学校中度过的,他们的生活主要是学校生活,学校生活的质量直接影响到他们是否健康快乐地成长。当然,成年后走上工作岗位,社会生活又取代学校生活,成为人生发展的主要影响源。"[①]由于学生个体生命存在于学校空间,同时也在学校、家庭和社会之间多维度切换,这也就意味着学生的生命价值观形成和发展是由多方面因素共同发挥作用的。因此,大学生生命价值观教育需要多方通力协作,学校要通过各类沟通平台及时与学生家长沟通交流,形成共识,形成生命价值观教育共育机制,让学生在学校的关怀和家庭的关爱中健康成长。

三、充分发挥社会舆论宣传导向作用

社会舆论环境既是大学生成长环境的重要组成部分,也是教育环境的重要组成部分。信息传播途径的多元化,传播速度、

① 冯建军,等.生命化教育[M].北京:教育科学出版社,2007:83.

广度和深度的发展，为舆论环境在教育环境诸因素中的地位提升提供了可能。美国中央情报局的一份行动纲领——《十条诫令》指出，鼓励他们藐视、鄙视、进一步公开反对他们原来所受的思想教育，特别是共产主义教条。替他们制造色情奔放的兴趣和机会，进而鼓励他们进行性的滥交。让他们不以肤浅、虚荣为羞耻。一定要毁掉他们强调过的刻苦耐劳精神。……一定要尽一切可能做好宣传工作，包括电影、书籍、电视、无线广播，只要他们向往我们的衣、食、住、行、娱乐和教育方式，就成功了一半。[①]这个《十条诫令》是西方发达国家希望通过各种渠道渗透西方文化价值观的有力证据。新时期媒体宣传呈现立体化、多元化的趋势，网络媒体的出现，使西方发达国家进行西方文化价值观渗透更加便捷化。因此，我们很有必要充分利用舆论宣传阵地，充分发挥主流媒体和新兴媒体的宣传作用，加强爱国主义和集体主义教育，积极营造正面的舆论环境和社会环境。

第一，营造舆论环境要注重创新方式方法，从理论灌输到实践体验，采用新技术、新手段使学生产生情感共鸣，然后才能开展思想上的引导。革命导师列宁在指导革命时就指出："工人本来也不可能有社会民主主义的意识。这种意识只能从外面灌输进去。"[②]也就是说人们的头脑不会自动产生社会主义和共产主义思想，要通过灌输，社会主义和共产主义先进思想才能在人们的头脑中生根发芽。同理，部分大学生也不可能自发的思考生命的意义和价值。"理论灌输法，是教育者有目的、有计划地向受教育者进行马克思主义理论教育，引导受教育者逐步树立科学的世界观、人生观、价值观的方法，主要包括理论讲授、理论学习、理论宣传、理论培训、理论研讨等具体形式。"[③]能

① 俞可平.全球化与政治发展[M].北京：中央文献出版社，2003：157.

② 列宁选集：第1卷[M].北京：人民出版社，1995：317.

③ 陈万柏，张耀灿.思想政治教育学原理[M].2版.北京：高等教育出版社，2009：222.

够使学生们思考自身的生命价值和意义，最有效最快捷的方式就是营造关怀生命的良好舆论氛围，发挥媒体舆论导向功能，对大学生灌输正确的生命价值观。

第二，在进行宣传教育工作时注意多传播正能量，多开展类似2015年第八届《开学第一课》这样主题的电视教育节目。这届《开学第一课》围绕“铭记历史，缅怀先烈，珍爱和平，开创未来”的主题开展教育活动。特别值得指出的是本次教育活动加深了大家对国歌中的“把我们的血肉，筑成我们新的长城”这句话的理解。实际上这句话来源于抗日战争时期真实的战争场景描写，不是作曲者坐在房间里凭空想象出来的。当时的战争场景是日本侵略者把战火烧到长城脚下，用重炮把长城打开了一个缺口，抗战官兵用鲜血和生命去堵住这个缺口，与敌人展开殊死搏斗。为了堵住这个缺口就牺牲了几百名官兵。创作者正是根据这段可歌可泣的英雄事迹，创作了这句歌词。类似这样的主题教育应该多开展、多宣传、多报道，对学生来说，这既是爱国主义教育又是生命价值观教育。

第三，充分发挥主流媒体的舆论引导作用，为加强爱国主义和生命价值观教育，营造积极正面的舆论环境和社会环境。西方国家针对中国青年的爱国情结，还专门发明了一个词语——爱国贼。把爱国贬义化，然后对发布正能量的网友进行线下骚扰、打击。主流媒体要声援、力挺爱国行为，要支持爱国主义教育。爱国主义教育是防患西方敌对势力对我国进行和平演变和价值观渗透的有力举措。因此，“必须发扬爱国主义精神，提高民族自尊心和民族自信心。否则我们就不可能建设社会主义，就会被种种资本主义势力所侵蚀腐化。”[①]我们要充分发挥主流媒体和新兴媒体的宣传作用，“用社会主义核心价值观和人类优秀文明成果滋养人心、滋养社会，做到正能量充沛、

① 邓小平文选：第2卷[M].北京：人民出版社，1994：369.

主旋律高昂，为广大网民特别是青少年营造一个风清气正的网络空间。”[1]通过创办生命价值观教育网站、微信公众号、官方微博等来扩大生命价值观教育的影响力。

第五节 探索大学生生命价值观教育的课程建设

一、在思想政治理论课教学中开展生命价值观教育

教育的本质首先在于人格与思想的培育，而后才是知识和技能的学习。真善美相统一的人格是指一个人在道德上的知行合一，也指一个人在知情意行上的一致与和谐。孔子所说的“从心所欲不逾矩”可以说是一种知行高度合一或人格完善的境界。在今天这样一个飞速发展的时代，教育不仅要注重对大学生进行智育教育，还要对大学生进行系统而深刻的道德教育，把对大学生的培养工作引入一个“全人”的培养轨道上来，把培养大学生健全人格作为生命价值观教育的出发点和落脚点。

生命价值观教育不仅是高校思想政治教育的重要内容，更是整个人才培养的基础教育环节。生命价值观教育是以引导学生树立正确的生命价值观为目的的教育理念和教育形式，它应该是当前思想政治教育的重要组成部分。开展生命价值观教育，高校思想政治理论课应承担起义不容辞的责任和使命。作为高校思想政治教育的主渠道，思想政治理论课更应成为大学生生命价值观教育的“主通道”，发挥“大动脉”的作用。一是要在实施高校思想政治理论课建设体系创新计划中，积极主动

① 习近平谈治国理政：第2卷[M].北京：外文出版社，2017：337.

将生命价值观教育纳入计划中，并实现“从无到有”，从边缘走向中心规划。二是要在完善教材体系上下功夫，在《马克思主义基本原理概论》《毛泽东思想和中国特色社会主义理论体系概论》《中国近现代史纲要》《思想道德修养和法律基础》《形势与政策》等教材的编写中融入全面阐述、辩证认识、理性弘扬生命价值观的内容。三是要进一步提高教师素质。育人者先育己，如果教师的身心不健康，专业素养不强，在育人过程中模糊甚至缺失对生命价值的认识，教学效果可想而知。在生命价值观教育中，思想政治理论课教师除了专业素养，还应该具备对生命价值的深刻认知和体悟，才能推己达人。四是要不断创新教学方法。通过在课堂、课后增加对生命的认知体验环节，开展对生命价值的研讨辩论，使生命价值观教育以更加生动、形象的形式融入思想政治理论课，增强教学的吸引力、说服力、感染力。五是将生命价值观教育融入不同学科之中，从而达到潜移默化的教育效果，使生命价值观教育成为一种贴近学生、贴近生活、贴近实际的教育。

二、在大学生心理健康教育课中突出生命价值观教育

根据教育部颁发的《普通高等学校学生心理健康教育课程教学基本要求》，高校学生心理健康教育课程是集知识传授、心理体验与行为训练为一体的公共课程。各高校基本上都把大学生心理健康教育课程纳入教学计划和培养方案之中。但在大学生心理健康教育课程的具体教学计划和培养方案中缺乏生命价值观教育内容。

第一，在心理健康教育课中应突出生命价值观教育，将学生的心理需要同生命价值观教育内容结合起来，增强生命价值观教育的渗透性和实效性。大学生心理健康教育课应重点突

出生命价值观教育内容。“我们可以通过帮助大学生建立积极生命价值观，来降低自杀意念，更好地促进大学生成长成才。”[①]而不是在学生出现问题之后才去寻找补救措施和办法，“头疼医头，脚疼医脚”模式治标不治本，而应该在大学生心理健康教育课中引导学生树立积极的、正确的生命价值观。

第二，基于大学生心理健康教育的特点，在大学生心理健康教育过程中，应帮助大学生解决心理问题，提高心理素质，帮助他们树立正确的生命价值观。心理健康教育工作不应该受“价值中立”等原则影响，纠结于是否要进行价值引导和价值澄清，而是要考虑到大学生的特殊心理特点，在早期着力于建立良好的师生关系，这种融洽的关系建立以后，就要开始慢慢地做一些价值引导和价值澄清，当然这种引导和澄清需要很高的技巧，要尽可能地做到润物细无声。

第三，教育者要遵循学生的心理特点和发展规律，用发展的眼光认真研究和教育朝气蓬勃的年轻人。通过积极心理健康教育使学生能够正确认识自我，增强自控能力，开发自身心理潜能，使自己可以根据外界形势的变化调整、平衡自己的心态，增强自己的适应能力，促进人格发展。积极心理健康教育的关注点主要放在心理健康和良好的心理状态方面，但依然要重视心理问题的预防、发现与积极干预。教育者在课程教学中除了给学生传授知识外，更要关心学生全面成长成才。

三、开设凸显生命价值观教育特点的校级选修课

校级选修课是高校课程体系的重要组成部分，是深化教育改革、全面推进素质教育的重大举措，目的是提高大学生的文化素养，拓宽大学生的知识面，培养大学生的创新能力，充分发

① 胡月，樊富珉等. 大学生生活事件与自杀意念：生命价值观的中介与调节作用[J]. 中国临床心理学杂志，2016(1)：151.

展大学生的个性。校级选修课对于促进人的全面发展起着巨大作用，自开设以来，受到广大教师和学生的热烈欢迎，确实也收到了较好的效果。因此，应该利用校级选修课平台凸显生命价值观教育理念。

第一，校级选修课要以培养真善美相统一的人格发展为目标。通过课程建设力图使每一门课、每一堂课都能促进学生的生命成长和发展，引导学生形成健全的人格。人格养成是人的教育的基础，正直诚实是对人格的基本要求。在人格塑造和自身修养方面，要真诚地对待自身、真诚地面对自己，这是一种生命的融入，也可以说这是一种生活的智慧，也是生命的学问。拥有积极的、正确的生命价值观，为真善美而奋斗的人，才能实现自己的生命价值。“只要中华民族一代接着一代追求真善美的道德境界，我们的民族就永远健康向上、永远充满希望。”[①]引导大学生认识生命的精彩在于选择和坚守，要努力开发大学生的生命潜能、健全大学生的人格，使他们掌握创新能力，提升生命质量。

第二，在今天的互联网时代，谁赢得了互联网，谁就赢得了青年。新时期教师要善于运用新媒体新技术，比如在校选课中采用“MOOC+翻转课堂”。这种教学模式，有利于增强大学生生命价值观教育的时代感和吸引力。MOOC（Massive Open Online Course）中文意思是“大规模的网络开放课程”，音译是慕课，是近年来开放教育领域出现的一种新课程模式，具有开放性、大规模、自组织和社会性等特点。翻转课堂（The Flipped Classroom）实际上是翻转了教育的理念，提倡学生在正确的价值观和理念引领下自由成长。“MOOC+翻转课堂”教学模式体现的教育理念是以人为本，是关注学生终身发展，而不是局限于短视和功利性目标的。一是“MOOC+翻转课堂”不同于传统“课

① 习近平.在文艺工作座谈会上的讲话[M].北京：人民出版社，2015：25.

堂传授+课后内化”的教学模式。在信息化环境中,“MOOC+翻转课堂”就是要求学生主动学习,在任课教师讲授课程前,自行完成教学视频资料等的学习,在课堂上师生充分交流互动、共同研究学习等的一种新型教学模式,即“课前传授+课上内化”。二是“MOOC+翻转课堂”使教师与学生关系更紧密。“MOOC+翻转课堂”气氛活跃,学生乐于主动和教师交流,师生感情融洽,教学效果也得到了学生的认可。三是“MOOC+翻转课堂”有利于培养学生创新思维,深受大学生喜爱和欢迎。“MOOC+翻转课堂”可以使学生自由分配学习时间,便于自学和对课程的深入探究。学生收获到的不仅仅是知识,也了解了一些学习的新途径,培养了互联网思维方式,激发了生命自主意识。

第三,通过校级选修课提高大学生逆境商数,引导学生认识,挫折是人们生命历程中不可避免的事情。苦难是人类前进发展的伴随者,如影随形,是人人都想回避的,但苦难又不会因人的主观愿望而被避免。其实,真正遭受过苦难,浴火重生的人会更加坚强,更加成熟,更加懂得生活,更加理解人生的意义。我们要坦然面对苦难,苦难是我们生命的重要组成部分。“青年时期多经历一点摔打、挫折、考验,有利于走好一生的路。要历练宠辱不惊的心理素质,坚定百折不挠的进取意志,保持乐观向上的精神状态,变挫折为动力,用从挫折中吸取的教训启迪人生,使人生获得升华和超越。”[1]

挫折使人逐渐成熟,生命茁壮成长,以积极乐观的态度对待人生。生命中的挫折就像一剂猛药,可以让人清醒,清晰地认识自己,体验世间百态。在逆境中,大学生可以学会反思,学会总结经验,经过磨练成就一番事业。人生不可能不遭遇失败,一个人的目标越远大,他遇到的失败就会越多。“青年的人生之路很长,前进途中,有平川也有高山,有缓流也有险滩,有

① 习近平谈治国理政[M].北京:外文出版社,2014:54.

丽日也有风雨，有喜悦也有哀伤。心中有阳光，脚下有力量，为了理想能坚持、不懈怠，才能创造无愧于时代的人生。”[①]大学生在追求真理和理想的艰难跋涉过程中，用顽强的意志战胜苦难，在为国家、为人民的奉献中绽放青春光彩，进而实现生命的价值和意义。

第六节 建立大学生生命价值观教育的协同机制

一、探索创设立体化的“全员育人”环境

大学生生命价值观教育应是落实到每一位教职员工身上，形成良好的育人环境。环境是隐性教育，它起到耳濡目染、润物无声的教育效果。“育人”不仅是知识技能的传授，更包含了思想品德的养成、体力和智力的提升等。教育人、培养人、发展人，培养和造就德才兼备的人，是“育人”的出发点和落脚点，也是学生生命健康成长的客观需要。“全员育人”体现在全校各有关部门和全体教职员工都树立育人理念和意识，深化对开展大学生生命价值观教育工作重要意义的认识，主动承担育人职责，协同创新，在从事本职工作的过程中，以一定的形式实现教书育人、管理育人、服务育人。

第一，教师要发挥在育人过程中的引导作用。大学生生命价值观教育是一个人格塑造人格、生命影响生命、心灵感染心灵的教育过程。教师在育人过程中处于主导地位，要发挥教育引导作用，教师要具有强烈的生命价值观教育意识和有效实施生命价值观教育的能力。教师身教胜于言传，教育的效果很大

① 习近平. 在知识分子、劳动模范、青年代表座谈会上的讲话[N]. 人民日报，2016-04-30(2).

程度上取决于教师本身的综合素质。因此，教师要以一种积极进取、乐观向上的生活态度和人格魅力来影响和感染学生。教育者只有在教育过程中充满热情，善于与学生进行交流，分享自己的生命感悟，才能让学生感受到生命的美好，进而更加珍爱生命。

第二，教师要树立正确的教育信念，增强育人意识。教育是师生共同参与、共同体验和相互分享的过程。“教育不是简单的操作性行为，而是基于信念的事业……没有教育信念的教师绝不可能成为好的教育者。而教育信念确立的基石就是对于理想社会和理想人生的祈望。”[①]教师有什么样的教育信念，便会采用什么样的教育方式及内容；而有什么样的教育方式及内容，便会培养出什么样的人格及生命价值观的学生。为了减少学生心灵的空虚和存在的虚无感，用生命影响生命是教师最大的使命。经师易求，人师难得，有德兼有才，方可为人师。复旦大学化学系辅导员包涵，在2001年至2005年担任辅导员工作期间，每周坚持给学生写一篇周记，供学生阅读、交流。4年间，包涵完成周记152篇，共12万余字，用笔搭建了与学生沟通之“心桥”，将自己对生命的思考和感悟以网络日志的形式展示出来，与学生双向互动交流。这种做法既可免去在与学生面对面交流时的顾虑，也使交流交往便捷化，从而引起学生深度思考人生，通过自省的方式提高学生对个体生命的认知。包涵认为辅导员最大的成功不在于学生毕业时有多少人拿到高的薪酬，而是能否让学生明白人生下一个目标什么，能否在未来十年二十年成为国家建设的中流砥柱。当代大学生要有心怀天下、放眼未来的胸怀，具有“不谋万世者，不足谋一时；不谋全局者，不足谋一域”的大局观，带着欣赏感恩之心对待身边之人，珍惜生命、善待生命。

① 肖川.教育的使命与责任[M].长沙：岳麓书社，2007:31.

第三，教师要注重培养学生求真品质。教师平时教书育人中只有因事、因时、因势地对学生进行思想品德方面的引导和教育，才能激发他们参与课堂教学的兴趣，获得他们的真心。只有在彼此传递真情和吐露真言的过程中，学生才能获得真知并最终成为真人。爱因斯坦指出："用专业知识教育人是不够的。通过专业教育，他可以成为一种有用的机器，但是不能成为一个和谐发展的人。要使学生对价值观有所理解并且产生强烈的感情，那是最基本的。他必须获得对美和道德上的鲜明的辨别力。否则，他——连同他的专业知识——就更像一只受过很好训练的狗，而不像一个和谐发展的人。为了获得对别人和对集体的适当关系，他必须学习去了解人们的动机、他们的幻想和他们的疾苦。"[①]教师要培养勇于追求真理、坚持真理、服从真理和宣传真理的"真人"，使他们在发现问题、解决问题的过程中享受探索的乐趣，激发创新的灵感，培养求真的品质。

第四，加强师资队伍建设。我国的生命价值观教育缺乏业务能力精湛的教师队伍，一些开设大学生生命价值观教育相关课程的高校，选择的任课教师基本上是高校辅导员、思政课老师，条件好一点的是由心理健康课教师担任教学任务。因此，要加强师资队伍建设，建立一支专业师资队伍是实施生命价值观教育的重要保障。

用生命感动生命，生命滋养生命，生命引领生命。建立多方位、立体化的科学育人体系，改变育人阵地之间衔接不紧甚至碎片化现象，营造课内外、校内外密切配合、互相促进的良好育人环境。高等学校各门课程都具有育人功能，所有教师都负有育人职责。广大教师要以高度负责的态度，率先垂范、言传身教，以良好的思想、道德、品质和人格给大学生以潜移默化的影响。全体教职工关心、参与、重视育人工作，积极构建育人机

---

① 爱因斯坦文集：第3卷[M].北京：商务印书馆，1979：310.

制，在具体工作中结合自己工作实际树立全员育人、全程育人、全方位育人理念，大学生生命价值观教育就具备了良好的前提条件。

二、精细开展全过程生命价值观教育教学

生命价值观教育本身具有体系化和过程化的特点。根据大学生的生理和心理特点，要在大学各个阶段精细开展全过程生命价值观教育教学。大学是人生发展的重要阶段，是对未来生活进行准备的重要阶段，要让大学生们充分了解大学阶段的特点，了解人生各个生命阶段的责任，充分认识到主动、合理、有效安排大学生活和学习的重要性，确立新的人生目标。人生的关键在于把握好每一个转折点。起点相同时，如果拐点选择不一样，就会造就不同人生；起点不同时，但抓住人生的关键的那几步，把握好生命拐点，依然能够迎头赶上，甚至超越他人。

第一，在新生中实施“导行”计划，为他们的成长成才奠定坚实的基础。新生入学教育管理是每个大学一年级学生接受大学教育的起点，是他们步入大学殿堂的第一课，也是帮助新生树立大学奋斗目标的重要一环。进入大学校园，有一部分同学是第一次离开父母，从原来熟悉的环境来到陌生的环境，短时间内很难适应大学生活，这就使他们很容易产生困惑、迷茫，也使他们重新认识自我，定位自我，反省中学阶段由父母或老师安排好的生活或学习方式，并思考要做出哪些改变。为了使大学新生更好更快地适应大学新环境，树立新目标，顺利完成从中学生到大学生的角色转变，尽快步入科学的发展轨道，在新生入学教育的基础上，用一年左右时间，突出专业学习的核心地位、加强学生日常教育管理、扎实推进行为规范引导、深入开展生命安全主题教育、努力形成教育管理合力，保持新生良好的精神风貌，为新生成长成才奠定坚实基础。

第二,对在校生进行生命价值观教育时要强调人的生命是有限的,要有所取舍,有所为有所不为。因此,教育大学生要适度集中于一个或几个事情上,使他们在发现问题、解决问题的过程中享受探索的乐趣,激发创新的灵感,培养求真的品质。黑格尔曾经说过:“一个志在有大成就的人,他必须,如歌德所说,知道限制自己。反之,那些什么事都想做的人,其实什么事都不能做,而终归于失败。……但一个人在特定的环境内,如欲有所成就,他必须专注于一事,而不可分散他的精力于多方面。”[①]学会解决问题的主要矛盾,一段时期有一段时期要解决的主要问题或事情,不要眉毛胡子一把抓。全面的程度应该以我们能够应对为宜,否则,越全面就意味着越难解决根本问题,把握不住事物发展方向。在规划自己的生涯时能够知道自己真正追求的是什么,有所取舍。

第三,对于即将毕业的学生,要培养他们树立正确的就业观。高等教育大众化,使得每年涌入劳动力市场的高素质人才快速增长。大学生就业成为社会的热点和难点问题,牵动着千家万户的切身利益。实际上,一部分大学生就业困难,是因为其所学专业与市场需求不相适应或其对就业岗位的要求过高。大学生树立正确的就业观有利于提高就业率,实现人生价值。培养大学生坚定理想信念,树立正确的就业观,学会处理好就业和金钱、名利的关系,就业和自身兴趣爱好的关系,个人与社会的关系十分重要。马克思认为:“在选择职业时,我们应该遵循的主要指针是人类的幸福和我们自身的完美。……如果我们选择了最能为人类福利而劳动的职业,那么,重担就不能把我们压倒,因为这是为大家而献身;那时我们所感到的就不是可怜的、有限的、自私的乐趣,我们的幸福将属于千百万人。”[②]

① 黑格尔.小逻辑[M].贺麟,译.北京:商务印书馆,1980:174.

② 马克思恩格斯全集:第40卷[M].北京:人民出版社,1982:7.

这样就实现了生命的自我价值与社会价值的统一。国学大师季羡林对生命价值的理解是:“有志于使中华民族强盛的人们,尤其是年轻一代知识分子,你们的生命只有和民族的命运融合在一起才有价值,离开民族大业的个人追求,总是渺小的。”人不能延长生命的长度,但却可以拓展生命的宽度和挖掘生命的深度,要到祖国最需要的地方建功立业。

结　语

大学生生命价值观教育不是简单的操作性行为，而是基于理想信念的教育，要在马克思主义指导下找回教育的“本真”，既要培养学生脚踏实地的精神，也要把学生培养成仰望星空、拥有社会担当和远大理想的人。在教育过程中，教育工作者应当具有坚定而明确的价值追求，平等对待每一位学生，对学生充满关心和爱护，促进学生全面发展。引导他们树立积极进取的远大理想，淡泊、开放的心态，以及马克思主义信仰。

大学生该如何书写自己的人生篇章呢？大学生正处在自我人生中最有活力、最有创造力的时期，要真正地理解我在做什么，我为什么在这里。大学生的人生目标将由自己定义，大学生要给自己规划人生任务，不能浑浑噩噩，要把现实生活变成理想中的现实生活。一个人生命存在的意义不在于何以有生，而在于自己怎样去生活，在于如何去劳动和创造，在于怎样去拼搏和奋斗，怎样实现自己生命价值和生活意义。

人的生命的最高价值和意义在于不断超越有限，融入无限，将个人有限生命历程融进民族生命延续之中，使有限的生命获得无限的意义。人的生命存在既是有限的又是无限的。一方面，作为个体存在的生命是有限的。一个人生命存活的长短，在历史长河中很有限，如何在有限中使生命获得充分发展，需要当代大学生认真思索。另一方面，人的生命又有其无限的，这就是人的生命意义和价值向度。“人类面对千差万别、千变万化、无边无际、无始无终的茫茫宇宙，又面对有生有死、有爱有恨、有聚有散、有得有失的有限人生，总会用自己探索宇宙、人生奥秘的智慧，以自己的意识的超越性去超越自己所理解的有限的世界。”[①]人之所以为人，不在于其拥有的自然生命，而在于其自然生命中蕴涵着具有无限超越性的精神。

青年当志存高远，奋斗正当时。当代大学生要树立认识远大抱负，脚踏实地干实事，珍惜韶华，艰苦奋斗，做有理想、有追求，有担当、有作为，有品质、有修养的“六有”大学生；要把握好时代精神，把远大抱负落实到实际行动中，以社会主义核心价值观为生命价值观的目标导向，奋进自强，将有限的个人生命与国家和人民的命运联系在一起，将个人理想与国家需要相统一，在实现中华民族伟大复兴的中国梦中奉献青春力量。

① 孙正聿. 超越意识[M]. 长春：吉林教育出版社，2001：102-103.

参考文献

一、专著类

1. 马克思恩格斯文集(第1—10卷)[M]. 北京:人民出版社,2009.

2. 马克思恩格斯全集(第2卷)[M]. 北京:人民出版社,2005.

3. 马克思恩格斯全集(第40卷)[M]. 北京:人民出版社,1982.

4. 马克思恩格斯全集(第47卷)[M]. 北京:人民出版社,1979.

5. 毛泽东选集(第3卷)[M]. 北京:人民出版社,1991.

6. 毛泽东文集(第1—2卷)[M]. 北京:人民出版社,1993.

7. 刘少奇选集(下)[M]. 北京:人民出版社,1985.

8. 邓小平文选(第2卷)[M]. 北京:人民出版社,1994.

9. 邓小平文选(第3卷)[M]. 北京:人民出版社,1993.

10. 江泽民文选(第3卷)[M]. 北京:人民出版社,2006.

11. 胡锦涛文选(第1—3卷)[M]. 北京:人民出版社,2016.

12. 习近平谈治国理政[M]. 北京:外文出版社,2014.

13. 习近平. 之江新语[M]. 杭州:浙江人民出版社,2007.

14. 十六大以来重要文献选编(中)[M]. 北京:中央文献出版社,2006.

15. 十七大以来重要文献选编(中)[M]. 北京:中央文献出

版社，2011.

16. 国家中长期教育改革和发展规划纲要（2010—2020年）［M］.北京：人民出版社，2010.

17. 本书编写组.《中共中央关于制定国民经济和社会发展第十三个五年规划的建议》辅导读本［M］.北京：人民出版社，2015.

18. 中共中央宣传部宣传教育局.固本培元的探索——社会主义核心价值观理论文章汇编［M］.北京：学习出版社，2014.

19. 黄楠森.人学原理［M］.南宁：广西人民出版社，2000.

20. 张耀灿等.思想政治教育学前沿［M］.北京：人民出版社，2006.

21. 陈万柏，张耀灿.思想政治教育学原理（第二版）［M］.北京：高等教育出版社，2007.

22. 罗国杰.马克思主义价值观研究［M］.北京：人民出版社，2013.

23. 罗国杰.建设与社会主义市场经济相适应的思想道德体系［M］.北京：人民出版社，2011.

24. 吴潜涛等.中国精神教育读本［M］.北京：人民出版社，2014.

25. 吴潜涛，刘建军.新时期思想政治教育史论［M］.合肥：安徽人民出版社，2004.

26. 郑永廷.现代思想道德教育理论与方法［M］.广州：广东高等教育出版社，2000.

27. 袁贵仁.马克思主义人学理论研究［M］.北京：北京师范大学出版社，2012.

28. 袁贵仁.价值观的理论与实践——价值观若干问题的思考［M］.北京：北京师范大学出版社，2013.

29. 孙正聿.人的精神家园［M］.北京：人民出版社，2014.

30. 孙正聿.理想信念的理论支撑［M］.长春：吉林人民出版社，2014.

31. 孙正聿. 哲学通论[M]. 上海：复旦大学出版社，2007.

32. 孙正聿. 马克思主义辩证法研究[M]. 北京：北京师范大学出版社，2012.

33. 侯惠勤. 正确世界观人生观的磨砺——马克思主义著作精要研究[M]. 南京：南京大学出版社，1996.

34. 骆郁廷. 精神动力论[M]. 武汉：武汉大学出版社，2003.

35. 陈秉公. 思想政治教育学原理[M]. 沈阳：辽宁人民出版社，2001.

36. 沈壮海. 思想政治教育有效性研究(第2版)[M]. 武汉：武汉大学出版社，2008.

37. 郭建宁. 社会主义核心价值观基本内容释义[M]. 北京：人民出版社，2014.

38. 高清海. 哲学与主体自我意识[M]. 北京：中国人民大学出版社，2010.

39. 韩庆祥. 马克思的人学理论[M]. 郑州：河南人民出版社，2011.

40. 郭湛. 主体性哲学——人的存在及其意义[M]. 昆明：云南人民出版社，2002.

41. 陈伯海. 回归生命本原——后形而上学视野中的“形上之思”[M]. 北京：商务印书馆出版，2012.

42. 张曙光. 生存哲学——走向本真的存在[M]. 昆明：云南人民出版社，2001.

43. 张曙光. 个体生命与现代历史[M]. 济南：山东人民出版社，2007.

44. 俞吾金. 重新理解马克思——对马克思哲学的基础理论和当代意义的反思[M]. 北京：北京师范大学出版社，2013.

45. 郑晓江. 生命忧思录[M]. 福州：福建教育出版社，2012.

46. 郑晓江. 生命教育演讲录[M]. 南昌：江西人民出版社，2008.

47. 刘济良等. 价值观教育[M]. 北京：教育科学出版社，2007.

48. 冯建军等. 生命化教育[M]. 北京：教育科学出版社，2007.

49. 刘志军等. 生命的律动：生命教育实践探索[M]. 北京：中国社会科学出版社，2004.

50. 刘慧. 陶养生命智慧：社会转型期教育的一种价值追求[M]. 北京：教育科学出版社，2008.

51. 刘铁芳. 现代教育的生命关怀[M]. 上海：华东师范大学出版社，2007.

52. 王德军. 生存价值观探析[M]. 北京：社会科学文献出版社，2008.

53. 苏振芳. 思想道德教育比较研究[M]. 北京：社会科学文献出版社，2011.

54. 苏振芳. 道德教育论[M]. 北京：社会科学文献出版社，2006.

55. 潘玉腾. 推进社会主义核心价值体系大众化研究[M]. 北京：社会科学文献出版社，2012.

56. 杨建义. 大学生思想政治教育路径研究[M]. 北京：社会科学文献出版社，2009.

57. 杰·唐纳·华特士. 生命教育——与孩子一同迎向人生挑战[M]. 林莺，译. 成都：四川大学出版社，2006.

二、期刊报纸类

1. 张耀灿. 推进思想政治教育研究范式的人学转换[J]. 思想教育研究，2010(7).

2. 袁贵仁. 关于价值与文化问题[J]. 河北学刊，2005(1).

3. 袁贵仁. 以人为本是科学发展观的核心[J]. 求是，2005(22).

4. 吴潜涛. 正确理解理想信念的科学含义[J]. 教学与研究，2011(4).

5. 张耀灿. 关于弘扬志愿精神的几个问题[J]. 思想政治教育研究,2011(5).

6. 郑永廷,曹春梅. 人之生命存在方式探赜——论思想政治教育实践的人性根源[J]. 现代哲学,2013(6).

7. 王秀阁. 用社会主义核心价值体系引领社会思潮的机制研究[J]. 红旗文稿,2010(1).

8. 高清海. 价值选择的实质是对人的本质之选择[J]. 吉林师范大学学报(人文会科学版),2005(3).

9. 刘川生. 在大学生中培育和践行社会主义核心价值观为实现伟大"中国梦"提供重要思想支撑[J]. 思想教育研究,2013(6).

10. 刘川生. 用社会主义核心价值观塑造大学生健康人格[J]. 中国高等教育,2015(11).

11. 刘书林,丁晓丽. 高校践行社会主义核心价值观的基本思路[J]. 思想理论教育导刊,2015(9).

12. 张曙光. 生命哲学的启示录——重读马克思《1844年经济学——哲学手稿》[J]. 中州学刊,1999(2).

13. 张曙光. 论现代价值与价值观的问题[J]. 马克思主义与现实,2011(1).

14. 罗松涛. 生命的辩证法:基于阿多诺的非同一性哲学思考[J]. 马克思主义与现实,2014(5).

15. 梅萍,罗佳. 论大众文化对青少年生命价值观的影响及引导[J]. 中州学刊,2016(1).

16. 梅萍. 提升大学生的生命价值感和幸福感[J]. 江苏高教,2007(3).

17. 梅萍. 当代大学生生命意识与价值取向的实证分析[J]. 高教探索,2007(3).

18. 任晓伟. 关于在高校思想政治理论课程中渗透生命价

值教育的几点思考[J].思想教育研究,2013(3).

19.查少刚.马克思休闲思想的当代意境[J].当代世界与社会主义,2008(6).

20.张永红,曾长秋.马克思“自由”意蕴中的休闲思想[J].河北学刊,2008(3).

21.俞世伟.生命价值实现的逻辑要素:能力、规则与资源[J].齐鲁学刊,2013(2).

22.张洪彬,张澍军.生命实践的视界:作为一种德性形式的志愿精神[J].思想教育研究,2011(3).

23.万美容,曾兰.“90后”大学生精神生活优化与思想政治教育内容体系创新[J].思想教育研究,2014(6).

24.王定功.英国青少年生命教育探析及启示[J].中国教育学刊,2013(9).

25.俞吾金.马克思时空观新论[J].哲学研究,1996(3).

26.贺来.有尊严的幸福生活何以可能?[J].哲学研究,2011(7).

27.郑晓江.论生命的本真与意义[J].南昌大学学报(人文社会科学版),2007(1).

28.叶澜.让课堂焕发出生命活力——论中小学教学改革的深化[J].教育研究,1997(9).

29.鲁洁.教育的返本归真——德育之根基所在[J].华东师范大学学报(教育科学版),2001(4).

30.习近平.在会见第一届全国文明家庭代表时的讲话[N].人民日报,2016-12-16(2).

31.习近平.在纪念红军长征胜利80周年大会上的讲话[N].光明日报,2016-10-22(2).

32.习近平.在知识分子、劳动模范、青年代表座谈会上的讲话[N].人民日报,2016-04-30(2).

33. 习近平.在文艺工作座谈会上的讲话[N].人民日报，2015-10-15(2).

34. 习近平.在颁发“中国人民抗日战争胜利70周年”纪念章仪式上的讲话[N].人民日报,2015-09-03(2).

35. 金开诚.中华传统文化的四个重要思想及其古为今用[N].光明日报,2006-11-02(6).

36. 吴潜涛.紧扣社会主义核心价值观教育主题[N].中国教育报,2016-03-03(5).

37. 吴潜涛.推动优秀传统文化的现代性转化[N].人民日报,2015-07-15(7).

38. 朱步楼.在立德树人中回归教育本真[N].人民日报，2014-12-26(7).

39. 北京市中长期教育改革和发展规划纲要(2010—2020年)[N].中国教育报,2011-03-25(5).

40. 上海市中长期教育改革和发展规划纲要(2010—2020年)[N].中国教育报,2010-09-09(5).

41. 人民日报评论部.教育,如何让生命蓬勃生长——创造一个更好的中国之三[N].人民日报,2014-01-10(5).

三、论文类

1. 潘玉腾.论思想政治教育的马克思人学基础[D].福州：福建师范大学博士学位论文,2008.

2. 姜国峰.人之生命的实践生成论觉解:马克思生命哲学思想研究[D].长春:东北师范大学博士学位论文,2012.

3. 李强.大学生命教育论[D].武汉:华中科技大学博士学位论文,2007.

4. 苗春霞.基于和谐理念的大学生生命质量及其评价[D].徐州:中国矿业大学博士学位论文,2010.

5. 刘淑娜. 论道德教育的生命理念[D]. 长春：东北师范大学博士学位论文，2007.

6. 宋德勇. 现代思想政治教育的人学解读[D]. 北京：北京交通大学博士学位论文，2011.

7. 张敏. 思想政治教育视域下大学生精神成人研究[D]. 西安：陕西师范大学博士学位论文，2011.

8. 谢宏忠. 基于文化多样性视野的大学生价值观导向研究[D]. 福州：福建师范大学博士学位论文，2010.

附　录
大学生生命价值观教育现状的调查问卷

亲爱的大学生朋友：

您好！本调查问卷旨在了解当代大学生生命价值观状况，以便有效地开展大学生生命价值观教育。本问卷采取匿名方式，答案没有对错、好坏之分。您所填写的任何材料，我们将为您保密，不会对您产生不利影响，所以请您不必有任何顾虑，真诚感谢您的支持！

大学生生命价值观课题组全体成员

第一部分

1. 您的性别(　　)

①男　　②女

2. 您是否为独生子女(　　)

①是　　②否

3. 您的户口所在地(　　)

①城镇　　②农村

4. 您的年级(　　)

①一年级　　②二年级　　③三年级　　④四年级

5. 您就读的专业类别(　　)

①文史类　　②理工类　　③艺体类　　④其他

6. 您的政治面貌(　　)

①群众　　②共青团员

③预备党员　　④中共党员

7. 您父母的文化程度分别是(　　)(　　)

	小学及以下	初　中	高中或中专	大　专	本科及以上
父亲文化程度	①	②	③	④	⑤
母亲文化程度	①	②	③	④	⑤

8. 您认为规避生命安全风险的最有效的方法是(　　)

①平时多存钱,到风险发生时可以应对

②注意安全,尽量避免意外

③购买保险　　④其他

9. 您每星期锻炼多长时间(　　)

①半小时以下　　②0.5–1小时　　③1–3小时

④3–5小时　　⑤5小时以上

10. 您会把事情按重要性排列吗?(　　)

①很少　　②偶尔会　　③通常会

11. 您觉得在业余的时间,做什么事比较好(选3项并排序)(第一　　)(第二　　)(第三　　)

①尽情去玩　　②好好睡觉,好好休息

③看书增长知识　　④打工做兼职

⑤谈恋爱　　⑥多去结交朋友

⑦其他

12. 爱情在您的生命中有着怎样的地位?(　　)

①重要,但不会为爱情而抛弃生命

②没有爱情,我会觉得生命没有意义

③还没有遇到爱情,所以还不清楚

④可有可无

⑤首先要有事业,爱情就当生命中的一点情趣吧

13. 您怎样看待新媒体对于当代大学生生命价值观的影响

力(　　)

①影响不大,信息来源多元化,新媒体并不能完全主导大学生生命价值观

②影响很小　　　　③影响很大,大学生上网较多

④没有影响

14. 您认为下列文化现象对大学生生命价值观的影响程度如何？请在相应选项上打“√”

	没影响	影响很小	稍有影响	有一定影响	影响很大
经常看韩剧	①	②	③	④	⑤
写博客或微博	①	②	③	④	⑤
喜欢的名人	①	②	③	④	⑤
网络流行语	①	②	③	④	⑤
喜欢看的书	①	②	③	④	⑤
网络游戏	①	②	③	④	⑤

15. 您认为生命价值观的确立,主要受什么影响(选3项并排序)(第一　)(第二　)(第三　)

①家庭教育　　　②学校教育　　　③自己经历

④媒体信息　　　⑤朋友圈子　　　⑥其他

16. 在选择职业时,您最关注的工作条件是(请选择您最关注的前3项)(　　)

①工资收入　　　②失业保险　　　③医疗保险

④养老保险　　　⑤签订劳动合同　⑥个人发展

⑦职业声望　　　⑧工作环境　　　⑨职业培训

⑩权益保护

17. 您对未婚堕胎持何观点(选3项并排序)(第一　)(第二　)(第三　)

①败坏道德风气,无法接受

②如果当事人无力抚养,则可接受

③觉得是对生命的不尊重

④觉得能降低对当事人前途的伤害

⑤觉得会给当事人带来身心伤害

⑥其他

18. 您认为生命的意义和价值是什么(选 3 项并排序)(第一　)(第二　)(第三　)

①人生的价值在于奉献　　②挑战自我、超越自我

③享受人生,吃喝玩乐　　④孝敬父母,家庭幸福

⑤追求自己的梦想　　⑥过安稳平淡的生活

⑦有较高社会地位和一定经济实力　　⑧其它

19. 您认为人有结束自己生命的权利吗(　　)

①有,选择结束生命是人的基本权力

②没有,生命是权利,也是一种责任

③有时有,为了生命的尊严

④对此严肃问题,从未仔细思考过

20. 您认为进行生命价值观教育以下哪种途径更有效?(　　)

①开设专门的生命价值观教育课程

②通过学科间进行渗透教学

③开展主题活动　　④开展专题讲座　　⑤其他

21. 是否有过重大的事件改变了你的生命价值观(　　)

①否　　②是(请简要说明)

第二部分

请认真阅读下面的每句话,然后判断这句话与您自己想法相符合的程度(提示:不是判断您对这句话是否赞同,而是您是否出现过这样的想法),请在给出的五种程度上选择,并在相应

的数字上打“√”。

1完全符合　　2基本符合　　3不太确定

4基本不符合　　5完全不符合

1. 生命是精神与肉体的统一　（1　2　3　4　5）
2. 每个生命都是独特的，值得欣赏和尊重　（1　2　3　4　5）
3. 我的生命存在对自己、他人和社会都有着独特的意义　（1　2　3　4　5）
4. 我有明确的人生理想和目标，对未来充满憧憬（1　2　3　4　5）
5. 我愿意为了追求心中理想和崇高信仰付出一切，甚至是生命　（1　2　3　4　5）
6. 市场经济条件下，学校重视对学生谋求生存技能的培养　（1　2　3　4　5）
7. 金钱是地位和成就的象征，人生幸福的程度取决于金钱的多少　（1　2　3　4　5）
8. 人生是一个完善道德、履行责任的过程，多为他人和社会着想　（1　2　3　4　5）
9. 我认为自己很受人欢迎，周围的很多人都很喜欢和我在一起　（1　2　3　4　5）
10. 我对人的生命及生命价值进行过深入的思考（1　2　3　4　5）
11. 我的压力主要来自学业和就业　（1　2　3　4　5）
12. 父母期望值过高，我觉得难以承受　（1　2　3　4　5）
13. 我的心理承受力较弱，无法处理生活中的冲突问题　（1　2　3　4　5）
14. 当感到迷茫、压抑或焦虑时，能自我调适，化解不良情绪　（1　2　3　4　5）
15. 能感受到校园文化中有关于生命和生命价值的元素　（1　2　3　4　5）

16. 自杀是对生命、对他人和社会不负责的表现（1　2　3　4　5）

17. 学校开设了专门的生命价值观教育的课程（1　2　3　4　5）

18. 大学生自杀事件屡屡发生，高校有必要开展生命价值观教育

（1　2　3　4　5）

19. 高校生命价值观教育教师有必要专职化　（1　2　3　4　5）

20. 本人愿意参加学校开展生命价值观教育的课程和活动

（1　2　3　4　5）